이상재

글쓴이 유경환
1936년에 황해도 장연에서 태어나 연세대학교를 졸업하고 같은 학교에서 석사 과정을 마쳤다. 〈사상계〉 편집부장, 조선일보 문화부장과 논설위원, 문화일보 논설주간 등 언론계에서 활동했다. 1957년 조선일보 신춘문예에 동시가 입선되었고, 현대문학상, 대한민국문학상을 받았다. 현재 한국아동문학인협회 고문, 한국아동문학교육원 원장으로 있으며 연세대학교와 추계예술대학교에서 학생들을 가르치고 있다.

감수자 김광운
경기도 시흥에서 태어나 한양대학교 사학과와 같은 학교 대학원을 졸업했다. 현재 국사편찬위원회에 재직 중이며, 한겨레통일문화연구소 연구위원, 민주화운동기념사업회 자문위원으로 활동하고 있다. 한양대학교와 한신대학교, 조선대학교, 서울교육대학교 등지에서 학생들을 가르치고 있다. 지은 책으로는 《통일 독립의 현대사》 들이 있다.

이상재
우리가 잊지 말아야 할 독립운동가 14

개정1판 1쇄 인쇄 | 2019년 8월 9일
개정1판 1쇄 발행 | 2019년 8월 15일

지 은 이 | 유경환
감 수 자 | 김광운
펴 낸 이 | 정중모
펴 낸 곳 | 파랑새어린이
등　　록 | 1988년 1월 21일 (제406-2000-000202호)
주　　소 | 경기도 파주시 회동길 152
전　　화 | 031-955-0670　팩　스 | 031-955-0661~2
홈페이지 | www.bbchild.co.kr
전자우편 | bbchild@yolimwon.com

ⓒ 파랑새, 2003, 2007, 2019
ISBN 978-89-6155-864-8　74910
　　　978-89-6155-850-1 (세트)

• 책값은 뒤표지에 있습니다.
• 출판사의 허락 없이 이 책의 일부 또는 전체를 인용하거나 발췌하는 것을 금합니다.
• 본 도서는 파랑새 〈인물로 보는 한국사〉 시리즈를 재편성한 도서입니다.

어린이제품안전특별법에 의한 제품 표시
제조자명 파랑새 | 제조년월 2019년 8월 | 제조국 대한민국 | 사용연령 10세 이상

우리가 잊지 말아야 할 독립운동가 14

이상재

유경환 글 | 김광운 감수

파랑새

추천사

삶의 등대가 되어 주는 역사 인물

'도로시'라는 미국의 교육학자는 '아이들은 사는 것을 배운다'라는 유명한 시를 남겼습니다. 그 내용은 다음과 같습니다.

만일 아이가 나무람 속에서 자라면 비난을 배웁니다.
만일 아이가 적개심 속에서 자라면 싸우는 것을 배웁니다.
만일 아이가 비웃음 속에서 자라면 부끄러움을 배웁니다.
만일 아이가 수치심 속에서 자라면 죄의식을 배웁니다.
만일 아이가 관대함 속에서 자라면 신뢰를 배웁니다.
만일 아이가 격려 속에서 자라면 고마움을 배웁니다.
만일 아이가 공평함 속에서 자라면 정의를 배웁니다.
만일 아이가 인정 속에서 자라면 자기 자신을 좋아하는 것을 배웁니다.
만일 아이가 받아들임과 우정 속에서 자라면 세상에서 사랑을 배우게 됩니다.

이 아름다운 시처럼 우리들의 아이들은 끊임없이 세상에서 무엇인가 배우고 있습니다. 자라나는 아이들에게 사는 것을 배우게 하는 가장 좋은 방법은 무엇일까요? 그것은 아마도 우리나라가 낳은 조상들 중에서 훌륭한 업적을 이룩하신 역사적 인물들을 배우고 그 인물들을 통해서 그들의 애국심과 남다른 인격을 본받는 것입니다. 지금까지 어린 아이들을 대상으로 하는 위인전은 많이 있었지만 이번에 발간한 인물 이야기처럼 이제 막 인격이 성숙하기 시작하는 초등학교 고학년에서부터 사춘기에 이르는 중학생을 상대로 한 인물 역사책은 거의 없었던 것으로 알고 있습니다. 사실 이런 책들은 역사를 인식하고 역사적 인물을 이해할 수 있는 연령을 대상으로 하였을 때, 비로소 그 빛을 볼 수 있다고 생각합니다.

꼭 알아야 할 역사적 인물을 선정해서 발간하는 이 책은 우리 아이들에게 무한한 자부심과 희망과 꿈을 키워 줄 것입니다.

그리고 이 책은 역사학자들의 철저한 감수와 고증을 거쳐 역사적 사실이 흥미 위주로 과장되거나 주관적인 해석으로 왜곡되지 않고 정확하게 전달되도록 온 힘을 기울였습니다.

존경하는 인물을 한 사람 가슴에 품고 자라난 아이들은 가슴 속에 하나의 등대를 갖고 있는 항해사와 같습니다. 아이들의 먼 인생 항로에서 언제나 꺼지지 않는 등불이 되어 절망과 역경에 이르렀을 때도 그 앞길을 밝혀 주는 희망의 등불이 될 것입니다.

자라나는 아이들은 미래의 희망입니다. 그들에게 사는 것을 가르치기 위해서는 아이들이 살아갈 조국, 내 나라 내 땅을 위해 땀과 피와 목숨을 바친 훌륭한 역사적 인물들의 씨앗을 우리 아이들의 가슴 속에 뿌려 주는 일일 것입니다. 그 씨앗은 아이들 가슴 속에서 무럭무럭 자라나 마침내 아름다운 꽃과 무성한 열매를 맺게 될 것임을 저는 의심치 않습니다.

이어령 전 문화부 장관

지은이의 말

이미 나 있는 길을 따라가는 것은 다리에 힘이 있는 한 가능하다. 그러나 길이 끝난 곳에서 길을 만들어 가는 것은 가슴에 의지가 있어야 가능하다. 이 책을 쓰기 위해서 이상재 선생이 살아온 시대와 역사, 그리고 그의 삶을 되풀이하여 읽고 생각하였다.

이상재 선생은 조선 왕조가 끝나는 시점에서 왕조가 걸어왔던 길이 끊기는 것을 보았고, 입헌 군주제를 통한 민주주의의 길을 개척하여 새로운 민족의 길이 뻗게 하기 위해 온갖 노력을 다하였다.

그러나 이상재 선생의 이러한 이상은 좌절된다. 변화를 원치 않는 수구파 세력과 한반도를 놓고 세력 다툼을 벌이는 외세에 기대어 편하게 살려는 세도가들 때문이었다.

그는 몸을 돌보지 아니하고 나라만을 걱정하여 나라 사랑의 본보기를 보였다. 그가 갖은 중상과 유혹에도 불구하고 깨끗하게 살 수 있었던 것은, 슬기로운 처세와 풍자 그리고 해학을 지닌 인품 덕이었다. 그

풍자와 해학의 뒤에는 깊은 울분과 비분강개가 숨어 있었기에 사람들을 감탄하게 했다.

개화기에는 외교관으로서 나라 사랑을 실천하였으며, 일본에 나라를 빼앗기는 과정에서는 타협하지 않는 민족주의자로서 '백성이 지녀야 할 민권'을 거리에서 외쳤다. 식민지 시대를 살아가면서 할 수 있는 일을 찾아 최선을 다하는 용기를 보여 주었다.

이상재 선생은 70세가 넘어서도 신앙인, 언론인, 그리고 사회 교육자로서의 이상을 마무리하고자 그가 젊어서부터 품었던 꿈을 깃발처럼 높이 치켜들었다. 그러나 시대적 제약과 봉건적 규범이라는 명분이 옥죄는 틈새를 넓히기는 매우 힘겨웠다. 그래도 그는 국권이 없는 나라를 떠받치는 기둥으로서 '사회 교육자의 표상'을 남겼다. 나라가 곤경에 빠져 허우적거릴 때 나라를 바로 이끌 수 있는 것은 개인이라기보다 조직이며, 그러기 위해서는 공동체의 마음이 깨끗해야 한다는 것을 이상재 선생은 보여 주었던 것이다. 이것이 그를 사회 교육자의 표본으로 여기는 까닭이다.

20세기 초 조선이 새로운 나라로 자라기 위해 움트는 동안 이상재 선생은 이 나라 청년들에게서 새싹처럼 움트는 활력을 기르고자 고민하고 실천한 선각자요, 민권 운동가였다. 이상재 선생과 동시대를 살다간 인물 가운데 시류에 따라 우왕좌왕하다가 끝내 나라를 팔아 버린 역적도 없지 않거늘 그는 온갖 위협과 회유의 유혹에서 자기를 철저하게 지켰다. 그에게는 언제나 곧은 한 길만이 있어서 한 번도 이리저리 기웃거린 적이 없는 생애를 살았다. 이것 한 가지만으로도 그는 존경받을 이유가 충분하다.

  그에게 나침반이 따로 있었던 것이 아니다. 신념이 언제나 그의 나침반이었다. 이상재 선생은 우리나라 지도에 또 하나의 큰 길, 바로 나라 사랑의 길을 터놓은 훌륭한 위인이다.

  후세대들은 반드시 그에게 합당한 평가를 바쳐야 할 것이다.

유경환

차례

추천사	5
지은이의 말	8

1. 혼란스런 나라 안팎의 사정   14
2. 글 읽기 좋아하는 신동   22
3. 애국애민과 구국제민의 정신이 싹트다   30
4. 박정양과의 운명적인 만남   37
5. 기이한 행동 속에 담긴 깊은 뜻   44
6. 신사유람단의 수행원이 되다   54
7. 청나라와 벌인 외교 담판   64

8. 직언으로 임금을 보필하는 사람　　　　　　71
9. 독립협회와 만민 공동회 활동　　　　　　　87
10. 황성 기독교 청년회에 혼신을 쏟는 '늙은 청년'　98
11. 일본의 '105인 사건' 조작과 YMCA 탄압　　107
12. 거리낌 없는 독설가　　　　　　　　　　　118
13. 민족 의식과 실력을 키우는 청년 교육 활동　128
14. 3·1 운동과 민족 자결주의의 좌절　　　　　140
15. 조선일보와 신간회를 이끌면서　　　　　　151
16. 곧은 길을 걸었던 조선의 거인　　　　　　164

1. 혼란스런 나라 안팎의 사정

 조선 왕조가 오백여 년이나 이어진 것은 자랑스러운 대물림이었다. 그러나 이 왕조의 끝 무렵에 살았던 사람들의 눈은 밝지 못하였다.
 그들은 돌성을 쌓아 막기만 하면 나라를 온전히 지켜 낼 수 있으리라고 믿었던 것이다. 또한, 남자는 밭 갈고 씨 뿌려 곡식을 거둬들이고 여자는 길쌈하여 옷감을 짜는 일만이 임금을 모시고 살아가는 백성들이 할 일이라고 생각하였다. 벼슬아치들은 밭 갈고 길쌈하는 일을 평안히 할 수 있도록 배운 이들만이 나라를 다스리는 것이 올바른 정치라고 여겼다.
 하지만 우리나라 사람들의 생각만 이러하였지, 다른 나라 사람들의 생각은 이와 달랐다. 그들은 더 잘사는 방법을 생각하였고 더 잘사는 삶을 위해 문명을 일으켰으며 산업을 발전시켰다.
 산업에 문명을 연결한 결과, 소박하게 땅 갈고 씨 뿌리며 길쌈하면서 사는 삶 이상의 결과를 얻었다. 전기를 이용하여 밤을 낮처럼 밝혔고, 원동기를 이용하여 기계를 돌렸으며, 이런 기계의 힘을 가지고 방적기를 만들고 스스로 움직이는 발동선을 만들었다. 그뿐이랴. 군함을 만들고 무기를 만들어 돌성을 아무 소용이 없는 무용지물로 전락시켰다. 그들은 어디든 거침없이 오가면서 그들의 영토를 넓혔다.

그런데 우리나라 사람들은 이러한 나라 밖의 사정을 까맣게 모르고 있었던 것이다. 나라의 빗장을 굳게 닫아걸고 외국 사람들이 들어오지 못하게 막고 있으면, 나라 살림이 그대로 보존되는 줄 알고 있었다.

이것이 1850년대 우리나라 사람들의 머리에 담겼던 생각이었다. 나랏일을 보살펴 나라를 다스리는 사람들까지도 모두 한결 같은 생각을 가지고 있었다. 그러니 그들의 눈이 밝지 못했다고 말할 수밖에 없지 않으랴.

우리나라 백성 모두가 이렇듯 무지몽매한 것은 아니었다. 일찍이 스스로 깨우친 선비들도 있었지만, 안타깝게도 나라 안의 사정은 이들이 나서서 현명하게 일할 수 있는 분위기가 아니었다.

당시 권력을 움켜쥐고 있던 세도가들은 그들만의 특권을 놓치게 될까 봐 일체의 변화를 마다하였으며, 변화의 조짐이 스며드는 것을 조금도 용납하려 들지 않았다. 그들은 나라 밖의 변화가 이웃 나라로부터 바다의 파도처럼 밀려오는데도 이를 외면한 채 '나 몰라라' 하는 태도를 취하였으니 나라를 보살피고 다스리는 몫을 제대로 하지 못했다.

바다 건너에서 오래 전부터 우리나라를 괴롭혀 오던 일본은 서양의 새로운 문물을 먼저 받아들여 우리를 위협하기에 이르렀다. 그렇지만 우리나라 사람들은 이를 늘 있었던 일로만 여겼다. 한편, 우리나라가 자기네 나라의 그림자 속에 있어야 한다고 큰소리를 쳐 온 중국은 새로워진 일본의 힘을 의식하고 더욱 바싹 달려들어 우리나라 일에 사사건건 간섭해 왔다. 그럼에도 불구하고 나랏일을 맡은 세도가들은 세상이 어떻게 달라졌는지 알지 못한 채 불안한 삶터에 그대로 머무르고자 하였다.

만일 1800년대 들어서 우리나라 지식인들이 눈을 크게 뜨고 나라 밖의 사정에 귀를 기울여 옳은 말을 하는 사람들을 귀양 보내지 않았다면 우리나라가 그처럼 부패하지는 않았을 것이다. 그러나 권력을 쥔 사람들은 각기 그들의 가문과 집안의 세도를 더 중히 여겼고, 그럴수록 조선 후기 사회는 더욱 더 썩어 들어갔다.

이처럼 조선 왕조가 기울기 시작할 무렵, 나라 안이 어둡기 그지없던 철종 원년에 어느 시골 마을에 장차 큰 인물이 될 이상재라는 아이가 태어났다.

음력으로 시월상달 스무 엿새이니 하늘 높고 바람 서늘한 때였다. 그가 태어난 곳은 충청남도 서천군 한산면 종지리라는 곳이다. 한산은 모시로 이름난 고장이었다.

이상재가 태어난 1850년의 나라 사정은 어둠과 혼란의 연속이

었다.

  그때 양반들이 읽는 글은 한문(漢文)으로 백성들은 쉽게 배울 수 없었다. 따라서 나랏일을 맡은 사람들은 백성이 모르는 글을 가지고 권력을 유지하는 수단으로 사용하였다. 그러니 백성들은 밭 갈고 씨 뿌리고 길쌈하여 베나 모시를 짜는 일에 매달려 가난하게 살면서도, 되도록 글을 읽는 양반들을 멀리하려고 하였다.

　다스리는 사람과 다스림을 받는 사람이 물과 기름처럼 한데 어울리기 힘든 분위기 속에서 일반 백성이 어려서부터 글을 읽는다는 것은 예사로운 일이 아니었다.

　이상재의 집에서도 책을 사려면 모시를 내다 판 돈으로 사야 했다. 몇 날 며칠 동안 밤새워 가며 짜 낸 모시를 팔아 가족들이 먹고 살 식량이 아니라 책을 사 온다는 것은 대단한 일이었다.

　그러나 이상재의 집안에서는 이런 대단한 일이 이루어졌다. 여기엔 그럴 만한 까닭이 있다. 이상재는 고려 시대의 충신 이색의 16대손이었던 것이다. 이색이 역사의 인물로 기억되는 것은 '고려의 3은'으로 꼽히기 때문인데, 고려의 3은은 호에 '은' 자가 들어가는 야은 길재, 포은 정몽주, 목은 이색을 일컫는 말이다. 이상재는 그런 집안의 자손이었다.

　하지만 이처럼 이름난 충신 가문임에도 불구하고, 그의 집안은 한산에서 대대손손 남자는 밭 갈고 여자는 길쌈하는 삶을 소박하게 이어 왔다. 그러다가 이상재의 할아버지 대에 이르러서는 모시 짜기가 아니면 먹고 살 수 없을 정도로 가난한 집안이 되고 말았다. 그 즈음에는 닷새 걸려 겨우 한 필의 모시를 짤 수 있었는데, 이것을 팔아서 먹고 살아야만 했다.

　그런 형편이니 아들이 태어난 것보다 길쌈을 할 수 있는 딸이 태어나는 것을 오히려 반갑게 여기는 분위기였다. 그러나 아버지 이희택은 맏이로 아들이 태어난 것을 반갑고 고맙게 여겼다. 집안에 또다시 이색과 같은 인물이 나올 것을 기대하고 있었기 때문이다.

  그래서 이상재는 어려서부터 '가문을 다시 일으킬 아이'라는 기대를 한몸에 받고 자랐던 것이다.

2. 글 읽기 좋아하는 신동

　이상재는 가난한 집안에서 태어났지만 일곱 살 때부터 글을 읽었다. 이때 읽은 책은 〈동몽선습〉이었다.

　이상재가 다니던 글방은 바닥에 자리도 변변히 깔지 못한 굴 속 같은 곳이었다. 그는 지필묵(紙筆墨)이라고 불리는 종이, 붓, 먹을 제대로 구할 수 없어서 서 푼짜리 붓에다 두 푼짜리 먹으로 종이 대신 나무로 된 판에 한자를 쓰고 익혔다.

　그러나 글방 선생님은 이상재가 글을 읽는 모습이 여느 아이와 다르다는 것을 알아차리고 그에게 〈사략〉, 〈통감〉 등을 읽도록 주선해주었다. 그는 이상재를 보며 이렇게 감탄하곤 했다.

　"허허. 아마도 목은 선생이 다시 태어났나 보군!"

　글방 선생님이 눈여겨볼 만큼 어린 이상재의 눈빛은 남달랐다. 목은 선생을 꼭 닮았다는 뜻에서 '재현(再顯)'이라고까지 칭찬했다. 이 말은 이색이 다시 나타났다는 뜻으로 엄청난 칭찬인 셈이다. 그런 만큼 집안에서도 글방에서도 이상재에게 거는 기대는 컸다. 이상재만이 가난에 찌든 집안을 다시 일으킬 한 가닥 희망이었다.

이상재의 나이 열세 살 때 이런 일이 있었다.

하루는 아버지를 따라 한산 장터에 나갔다. 장이 서면 책을 구경할 수 있기 때문이었다. 당시에는 책을 파는 서점이 따로 없어서 장이 서는 날에만 어떤 책이 나왔는지 알 수 있고 볼 수 있었다.

이상재는 아버지를 따라 저잣거리를 거닐다 한쪽에 책을 쭉 펴 놓은 책방에 이르렀다. 아버지는 아들이 발걸음을 옮기지 못하고 책을 탐하는 것을 눈치챘다. 이상재가 실재(實才:글재주가 있는 사람)라는 소문이 나돌 만큼 글 읽기를 좋아한다는 것을 이미 알고 있는 아버지는, 잠시 아들과 책을 번갈아 보다가 침을 꿀꺽 삼키고서 책을 집어 들었다. 거느린 식구들의 식량을 살 돈으로 아들이 읽고 싶어 하는 책을 사주기로 결심했던 것이다. 이는 가장으로서 대단한 결단이 아닐 수 없었다.

이상재가 고른 책은 춘추 시대의 전쟁에 관한 내용인 〈춘추좌씨전〉이라는 중국 고대의 역사책으로 그 당시 어른들이 즐겨 읽는 책이었다. 이상재는 열세 살 나이로 어른이 읽는 책을 읽어 낼 만큼 남다른 아이였던 것이다.

그 이듬해의 일이다.

집에서 3리쯤 떨어진 곳에 봉서암이라는 암자가 있었다. 이상재는 여기서 다른 글벗들과 함께 글을 읽으며 한 해 겨울을 보냈다. 열네 살 또래들이 겨울 동안 책을 읽다가 봄기운이 완연해지고 얼

음이 풀리자, 모두들 집이 그리워 집에 한번씩 다녀오기로 하였다.

각자 집으로 흩어지기 전에 또래들은 한데 모여 막걸리 한 동이를 구해다 한 바가지씩 나눠 마셨다. 그런데 어디서 갑자기 창밖에서 한숨 섞인 한탄 소리가 들렸다.

"네 덕에 우리 집안 한번 펴 보자 했는데……."

이상재가 가만히 귀를 기울여 들어 보니 어디선가 많이 들은 듯한 귀에 익은 목소리였다. 놀라 밖에 나가 보니 아들 이상재가 공부하는 모습을 살며시 보러 왔던 아버지가 서 있었다.

아버지는 그 날만이 아니라 가끔 봉서암에 와서 이상재가 글 읽는 것을 멀리서 지켜보곤 하였던 것이다. 마침 그 날도 아버지는 이상재를 보러 왔다가 술을 마시는 것을 보고 실망하여 한탄한 것

이었다.

　이상재는 아버지가 돌아서서 눈물을 닦는 것을 보았다. 그는 가슴이 뭉클해졌다. 그리고 그 때의 감정을 그대로 지닌 채 글 읽기에 정진했다.

　글 읽기를 통해 사람의 품성을 기르는 것은 그 시절 인간 교육의 방법이었다. 글 읽기란 단순히 씌어진 글을 읽는 것만이 아니고, 글 속에 담긴 정신과 철학과 우주 만물의 이치를 아울러 깨우치는 일이기 때문이었다.

　한창 글 읽기의 재미를 알게 되어 독서에 정진하고 있던 어느 날, 이상재는 아버지 앞에 불려 갔다.

　"이젠 네 나이 열다섯이니 장가를 들어야겠다."

그 시절, 열다섯 살은 장가를 가기에 결코 이른 나이가 아니었다. 당시 우리나라는 유아 사망률이 높고, 평균 수명도 짧았기 때문에 15세 나이는 혼인의 일반 연령이었다. 더구나 이상재가 이색 선생의 자손으로, 글방 선생의 입에서 '재현'이라는 칭찬이 나올 만큼 글 읽기가 남다르다는 소문이 퍼지자 딸 가진 사람들은 여기저기서 사위 삼기를 청해 왔다.

이렇게 해서 이상재는 나이 열다섯에 혼인을 하였다. 강릉 유씨를 아내로 맞아들이니 1864년 늦은 봄 꽃 피는 동네에서 혼사가 이루어졌다.

흙담에 이엉을 엮어 지붕을 얹은 이상재의 집 종이창에는 늦도록 불꽃이 춤을 추었고, 불꽃 그림자 아래엔 머리를 흔들며 글 읽는 소리가 밤 늦도록 끊이지 않았다.

식구들이 먹고 살아갈 양식을 제치고 아들이 읽고 싶어 하는 책을 사 주는 아버지.

나이 열다섯 살에 혼인을 시켜 가정을 이루어 안정과 책임을 느끼도록 한 아버지.

그런 아버지가 아들에 거는 기대는 컸다. 이상재는 아버지의 마음을 알아차리고 아버지가 실망하지 않도록 품성을 바르게 하고자 노력하였다.

'기상을 펴고 사는 사람으로, 뜻을 실천하는 사람으로.'

이상재는 그런 각오로 스스로를 키워 나갔다. 봉서암에서의 글 읽기는 그에게 그와 같은 기개를 심어 주었다. 훌륭한 선비 이색의 피는 이렇게 이상재의 몸에서 힘차게 다시 돌아 기개를 세우면 굽히지 아니하고 기지로 일을 처리하는 청년으로 자라는 데 밑거름이 되었다.

3. 애국애민과 구국계민의 정신이 싹트다

　철종의 뒤를 이어 고종이 왕위에 오른 무렵은, 고종의 아버지인 홍선 대원군이 임금 뒤에서 정치를 돕는 형편이었고 나라 밖의 사정도 매우 긴박하게 조여드는 어려운 시절이었다. 홍선 대원군은 아들 고종이 아직 어리다는 이유로 사실상 나라의 권력을 한 손에 쥐고 나랏일을 도맡아 했다.

　그는 우선 임진왜란 때 불타 버린 경복궁을 그전의 모습대로 다시 짓는 경복궁 복원 사업을 추진하였다. 그러면서 나라 안의 다른 문제들을 도외시한 채 모두 이 일에만 매달리도록 했다. 이것은 명분이 서는 큰일을 벌여서 나라 안에서 벌어지는 다른 여러 가지 문제를 잠재우려는 다스림의 한 방법이었다.

　경복궁을 다시 짓는 일에는 엄청난 일꾼이 필요해서 전국에서 든든한 젊은이들이 뽑혀 왔다. 또 재건 비용을 충당하기 위해 '당백전'이라는 새로운 돈을 만들었다. 당백전이란 백 전과 맞먹는 값어치를 하나의 화폐로 찍어 낸 큰 돈이다.

　당백전이 나오자 1,2전하던 물건 값이 오르고, 푼돈이 흔해져서

돈의 가치가 떨어지는 일이 생겼다. 결국 나라 살림이 어려워졌고, 그런 상황에서 백성들의 살림은 말할 것도 없었다.

뿐만 아니라 흥선 대원군은 오래 전부터 선비들이 서원에 들어앉아서 온갖 말로 불평과 불만을 터뜨린다고 생각하고 있었으므로 서원의 문을 닫도록 명하여 선비들의 입을 막았다.

이러는 와중에 흥선 대원군이 서양인들의 분노를 산 일을 하였으니, 바로 프랑스에서 온 천주교 신부를 비롯하여 천주교를 믿는 신자들을 잡아 목을 베어 죽이도록 한 천주교 박해 사건이었다.

대원군은 천주교는 조상에 대해 제사를 지내지 않는 종교이므로 조선의 국가 기틀을 무너뜨리는 종교이니, 더 퍼지지 않도록 막아야 한다며 공개적으로 박해한 것이다.

천주교를 믿는다는 이유 하나 때문에 나라의 관리들이 백성을 잡아다 "믿지 않겠다"는 약속을 받아 낼 때까지 매질을 하고 끝내 말을 듣지 않을 때에는 목을 베는 참혹한 일이 벌어졌다. 이 사건으로 서양 사람들에게 '조선은 참으로 이상한 사람들이 살고 있는 나라'라는 인식을 심어 주었다.

1866년 프랑스 함대가 강화도를 침범한 사건인 병인양요가 바로 이 일을 계기로 발생한 것이다.

이즈음 나라의 경제는 경복궁을 짓는 일로 크게 흔들리고, 서원의 철폐로 지식인들이 조정에 등을 돌렸으며, 나라의 치안은 천주교 신자인가 아닌가를 가려내는 일로 뒤숭숭하기만 하였다.

　그 틈을 타서 양반들은 그들의 세도를 더욱 단단히 다지기 위해 권력을 사고 팔아 돈을 챙기기에 바빴다.
　이상재의 집안도 그런 양반들의 횡포에 휩쓸리고 말았다.
　이상재의 할아버지는 4년 전에 돌아가셨는데, 그 묘를 선영에 썼다. 그런데 풍수쟁이가 할아버지를 모신 묏자리가 명당이라는 말을 퍼뜨리고 다녔다. 이 말을 들은 고을 부자인 토호가 그 묏자리를 탐냈던 것이다. 마침내 관리들이 토호의 돈에 넘어가 그 묏자리를 빼앗아 갔다.

그런 억울한 일을 당하자 이상재의 아버지는 부당한 일이라고 따졌다. 하지만 관리들은 오히려 아버지를 잡아들여 옥에 가두었다. 아무리 생각해 보아도 억울한 일이 아닐 수 없었다.

이상재는 가만히 앉아 있을 수가 없었다. 스스로 관가에 찾아가 아버지 대신 옥살이를 청했다.

"아버지에게 죄가 있다면 제가 대신 죄 값을 치르겠나이다. 그러나 아버지에겐 죄가 없습니다. 정말 억울한 일이옵니다."

이상재는 이렇게 옥에 들어가 아버지 대신 사흘이나 옥살이를 했다. 한산군의 관리는 열다섯의 어린 나이에도 불구하고 아버지를 위해 늠름하게 나서는 이상재의 효심에 감탄해 곧 그를 풀어 주었다.

하지만 이상재는 그냥 집으로 돌아오지 않았다. 다시 사흘 낮과 밤으로 군수에게 억울함을 호소했다. 마침내 군수는 사건의 처음과 끝을 조사하도록 명했다.

결국 재판이 잘못되었음이 밝혀지고 판결이 뒤집혀

아버지는 누명을 벗었다. 돈을 받고 일을 처리하여 그 돈으로 더 나은 관직을 탐했던 탐관 오리들이 벌인 짓이었다. 이상재는 청소년 시절에 이미 그 같은 비리를 경험하게 되었다.

그는 이 나라에 썩은 관리가 있는 한, 나랏일이 제대로 이루어질 수 없으며 이를 바로잡는 일이 무엇보다 시급한 일임을 깨달았다. 또한 관리들을 썩게 만드는 돈에 대해 투철한 인식을 갖게 되었다. 그는 돈이 사람을 사람답지 못하게 만드는 주범이라는 사실을 두고두고 가슴 속에 새겼다.

이렇게 이상재에게 올바른 마음가짐을 갖도록 가르친 사람 가운데 혜산(惠山) 이희진 선생이라는 분이 있었는데, 그는 이상재 집안에 재종숙이 되는 어른이었다. 이상재는 열일곱 살 때 혜산의 문하에 들어가게 되었다.

혜산의 가르침을 받아가며 이상재는 더욱더 폭넓은 학문을 하게 되었다.

사람으로 태어났으면 모름지기 나라와 백성을 반드시 생각해야 하고(애국애민), 나라를 바로잡아 백성을 구해야 한다. (구국제민)

이상재는 그런 가르침을 듣고 가슴에 새겨 신념으로 굳히게 되었다.

4. 박정양과의 운명적인 만남

　나라 안의 사정이 자못 심상치 않게 흔들렸다. 그러나 이상재는 이에 아랑곳하지 않고 오로지 글 읽기에 온 힘을 쏟았다. 혜산 선생 밑에서 과거 시험을 보기 위한 준비에 몰두하고 있었던 것이다. 그 시절, 대개 선비 집안의 아들들은 열여덟 살이 되면 과거 시험을 보기 시작하였다.

　이상재도 열 여덟살인 1867년, 한양에 와서 과거를 처음 보았다.

　그는 다른 모든 과거 응시자들이 그러했듯이 봇짐을 등에 지고 수천 리 먼 길을 걸어서 마침내 당시 서울이었던 한양에 이르렀다. 과거를 보아 뽑히면, 그 동안 가슴에 품고 길러 온 뜻을 제대로 펼 수 있으리라는 희망과 포부를 가득 안고 그 먼 길을 걸어 한양에 도착한 것이다.

　그러나 이상재의 꿈은 이루어질 수 없었다. 현실은 벼슬과 돈을 바꾸는 비리가 가득하였기 때문이다. 그런 사실을 높은 관리들이 정말 모르고 있는지, 아니면 알고도 짐짓 모르는 체하는 것인지 알 수가 없었다. 어느 곳의 물이 맑은 물이고 어느 곳의 물이 구정물인지 분간하기조차 어려울 지경이었다.

모든 일은 뒷돈으로 이루어지고, 큰일이든 작은 일이든 아는 사람을 통해야 해결이 되었으니 모두 연줄을 찾기에 혈안이 되었다. 이런 판국에 과거 시험인들 제대로 치러질 수 있었으랴.

그래도 이상재는 정정당당하게 시험을 치러 합격해야 옳은 일이라고 믿었다. 정당하게 합격해야 뒷날 정당하지 못한 것을 고칠 수 있다고 믿었기 때문이다. 그랬건만 이상재는 과거 시험에서 낙방하고 말았다.

남의 글을 슬쩍 곁눈질하여 베낀 응시자가 급제하여 백마를 타고 장안을 돌았다. 이상재는 나라의 일꾼을 뽑는 과거 제도마저 이 모양으로 썩었으니, 나라의 모든 일이 장차 어찌 될 것인가가 걱정스러워 한탄만 나올 뿐이었다.

그는 실력이 아니라 뒷거래나 문벌 간의 끌어 주기가 힘이 되어 급제하는 과거 시험이라면 더 이상 여기에 매달릴 가치가 없다고 생각했다. 그렇게 마음을 고쳐먹고 고향을 내려가려 하였다.

그런데, 친척인 이장직(李長稷)이라는 분이 뜻밖에도 이상재의 아버지에게 그를 한양에 그냥 있게 하라고 간곡하게 권하였다.

이장직은 이상재의 실력을 알고서 그에게 다른 길을 일러 주려고 한 것이다. 그는 이상재 부자에게 새로운 지름길도 있음을 넌지시 귀띔해 주었다. 그는 그 시절 승지 벼슬에 있던 박정양(朴定陽)에게 이상재를 데리고 가서 친히 인사를 드리게 하고 자세하게 소개하였다.

'대나무 샘'이라는 뜻의 죽천(竹泉)이라는 호를 지닌 박정양은 그 시절 한양 정계의 큰 인물이었다. 이상재를 만나 본 박정양은 이상재의 강렬한 눈빛이며 됨됨이가 남다르다는 것을 눈치 채고 자기 집에 머물도록 하였다.

이렇게 하여 한산 선비 집안의 이상재가 한양의 정계 거물인 박정양 집에 머무르게 되었다. 이것은 꿈도 못 꾸던 일이었다. 그를 만남으로써 이상재는 새로운 것에 눈뜨게 되고 새로운 세계를 알게 되어 새 사람으로 거듭나게 되었다.

고향에 묻혀 과거 시험 준비를 하던 이상재는 한양에서 예전과는 다른 모습의 이상재로 성장하기 시작하였다. 박정양 승지 집에 머무는 동안 그와 함께 나랏일을 걱정하면서 나라의 앞날을 의논하는 사이가 된 것이다.

나라 밖의 사정이 달라지고 있다는 것을 알게 된 이상재는 어려운 시국을 풀 수 있는 방법에 대해 많은 시간 동안 연구하게 되었다. 마침내 그는 어떻게 해서든지 부패한 현실을 똑바로 알아야만 해결책을 찾을 수 있다는 생각에 다다랐다. 현실을 있는 대로 봐야 전체를 다 볼 수 있다는 것이었다.

이상재는 박정양 승지를 처음 만났을 때부터 그가 큰 인물임을 한눈에 알아보았다. 그래서 박 승지에게 배울 것이 있겠다고 판단하였다. 그런 마음으로 13년 동안 옆에서 그를 도와가며 여러 가지

를 배웠다.

  이상재는 식객으로 머물면서 박정양 승지의 개인 비서 같은 역할을 하였다. 그 당시 권세 있는 사람들이 찾아와 나누는 이야기를 빠짐없이 귀담아 듣고 이를 박 승지에게 전해 주거나 자신의 의견을 덧붙여 일러 주었다.

이런 생활은 이상재가 과거 시험에 떨어진 때부터 서른한 살이 될 때까지 무려 13년 동안이나 지속되었다. 그동안 이상재는 박정양이 어떤 문제의 해결책을 찾는 일이나 나라의 정책을 수립하는 일에 필요한 자료를 챙겨 주고 옆에서 거들면서 그 일에 간접적인 영향을 끼쳤다.

만일 이상재가 과거 시험에 낙방한 뒤 그대로 낙향하여 시골 선비가 되었다면 그런 기회를 얻지 못했을 것이다. 이것을 누구보다 잘 아는 이상재는 단순히 식객으로서 밥값을 한다고 생각하지 않고 진정으로 배워 익혀야 할 것을 공부하는 과정이라고 여겨 자신이 하는 일에 성의를 다했다. 그리고 박정양은 이상재의 이런 성실함을 말없이 눈여겨보고 있었다. 이처럼 그들의 만남은 서로에게 도움을 주는 것이었다.

5. 기이한 행동 속에 담긴 깊은 뜻

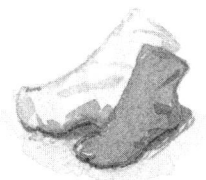

    이상재는 열다섯 살에 혼인하였건만 한양에 올라온 뒤로는 줄곧 박 대감 집에만 머물렀으므로 집안일은 아내 혼자 꾸려 나가야 했다. 그러면서도 간간이 고향에 다녀와 슬하에 아들 4형제를 두게 되었다.

    이상재는 열아홉에 맏아들 승윤을, 스물둘에 둘째 아들 승인을, 3년 뒤인 스물다섯에 셋째 아들 승간을, 그리고 서른여덟에 넷째 아들 승간을 낳았다. 아내는 고향에서 아들 사형제를 키우면서 과부와 다름없이 지냈다.

    박정양의 사랑방에서 지내면서 세상 돌아가는 일을 보고 듣고 배우며, 스스로 깨우쳐 안목을 넓히고, 누구의 눈에도 쉽게 띄는 예사롭지 않은 사람으로 자신을 다져 가는 동안 집안 식구들은 고생이 말이 아니었던 것이다.

    한편, 그는 삼강오륜을 중히 여기는 사대부 집안에서는 도저히 상상할 수 없는, 아니 이해할 수 없는 행동을 가끔 보여 주었다. 이상재의 깊은 속뜻을 모르는 사람들에겐 그의 행동이 모두 기이하게 비쳐졌을지도 모른다. 그래서 사람들은 이상재를 괴상한 짓을 일삼는 사람이라고 보았으며, 뒷날 문인인 춘원 이광수는 그를 가리켜 '기인(奇人)'이라고 평가하기도 했다.

그 시절 어느 대갓집이나 그러하였듯이 박정양 댁에도 여러 명의 식객들이 묵고 있었다. 이상재 같이 박정양의 지원을 받는 이도 있었고, 박정양과 가까운 친척인 사람도, 관리들도 있었다. 그러나 벼슬을 하려는 사람들인만큼 모두 박 승지와 함께 어울리다가 때가 되면 알맞은 벼슬 자리나 얻어 나가려는 생각을 지니고 있는 사람들이었다. 그들은 모두 제각기 소양과 교양을 갖추고 있는 문인들이었다. 대감은 이들과 어울리면서 저마다 어떤 소질과 소양과 장점을 지니고 있는가를 살폈다. 장차 쓸 만한 사람으로 키울 셈으로 사람의 겉모습만 보지 아니하고 그 됨됨이를 눈여겨보았던 것이다. 따라서 식객들은 하나 같이 다른 속뜻을 품고 제 나름의 성심을 다하였다.

그러나 박 승지와 만나 대화를 주고받을 기회가 모든 식객에게 골고루 주어지는 것이 아니었다. 사람들은 오로지 자연스럽게 그런 기회가 주어지길 기다렸으며 또 주어지면 십분 활용하려고 애를 썼다.

한번은 이상재가 여러 식객의 눈총을 받은 일이 있었다. 이유는 그가 짝이 다른 버선을 신고 다녔기 때문이었다. 식객만이 아니라 안채의 사람들까지 이상재의 버선 이야기를 입에 올렸다.

"그 사람, 정신 나간 사람 아냐?"

사람들이 모두 그를 이상하게 여겼고 마침내 이런 수근거림은 온 집안에 퍼져서 박 대감의 귀에까지 들어갔다.

박 대감은 무슨 뜻이 있어서 그리 하였을 것이라 여겨 이상재를 불렀다.

"이 서방은 어째서 짝이 다른 버선을 신으셨소?"

박 대감은 정말 짝이 다른 버선을 신고 있는 이상재를 보고 조심스럽게 물었다.

그러나 이상재는 천연덕스럽게 이렇게 대답하는 것이 아닌가.

"객지에 있는 놈이 별 수 있습니까? 해진 짝만 우선 갈아 신었죠."

박정양 승지는 그 당시 대관으로서 매우 청렴하였을 뿐만 아니라 생활에도 규모가 반듯한 인물이었으므로 이상재의 이런 검소한 태도가 마음에 들어 그 뒤로는 자주 그를 불렀다. 그러고는 시국담을 나누는 기회를 많이 만들었다. 결국 이상재의 짝짝이 버선은 박정양의 눈길을 끄는 데 한몫한 셈이었다.

그의 행동은 아무 뜻 없이 한 것이 아니었다. 유머와 해학은 적절한 기지로 나타났으며, 씹으면 씹을수록 깊은 맛이 우러났다. 그것은 평범하지 않았으며 오랜 침묵 끝에 체득한 재치이고 호연지기였음을 박정양만은 일찍부터 알아차렸던 것이다.

이상재는 박정양보다 아홉 살 아래였다. 겨우 아홉 살 차이였건만 박정양은 그때 이미 대감 소리를 듣는 큰 어른이었고 이상재는 그의 식객에 불과했다. 이상재는 이런 차이를 극복해 보려고 기인 소리를 들으면서도 배우고 생각하고 깨우치는 데 안간힘을 쓴 것이다. 그러나 이런 노력만으로는 대감과 자신의 틈을 메울 수 없었다. 그것은 어림도 없는 일이었다.

박정양은 〈열하일기〉를 쓴 연암 박지원의 손자로서 일찍이 이름난 가문이 누리는 것을 다 누리는 남 부러울 것 없는 인물이었다. 그런데 이상재는 과거 시험에도 실패한 식객일 뿐이니 두 사람 사이엔 현실적으로 엄청난 차이가 존재하였다.

그러나 이상재는 이런 대감에게 무조건 고개를 조아리지는 않았다. 때로는 응석을 부리기도 하고, 때로는 투덜거리기도 하며, 때로는 비꼬기도 하였다. 따라서 두 사람 사이에 현실적인 차이가 엄연히 있었음에도 불구하고 서로 조심스레 결코 만만치 않은 관계를 유지해 나갈 수 있었다.

박정양이 호조판서(戶曹判書)라는 장관이 되었을 때의 일이다.

감기에 오래 시달리던 박정양이 이상재에게 의원을 불러오도록 시켰다. 의원은 나이가 지긋한 사람이었는데 이상재는 거만한 투로 그에게 이렇게 말했다.

"여보게, 박 판서가 중병에 걸렸으니 좀 봐 주게나."

의원은 박 판서가 보낸 사람의 말이라 거절하지 못하고 왕진하였다. 진찰을 마친 의원은 누워 있는 박정양에게 심부름 온 사람의

태도가 불손하기 짝이 없었다고 넌지시 귀띔하고는 돌아갔다.

박정양이 의원의 말을 듣고 이상재를 불러 꾸짖었다. 그랬더니 이상재는 뜻밖의 대답을 하였다.

"심부름을 너무 곱게 하면 또 시킬까 봐 그랬지요."

이상재는 박정양이 왜 불렀는지를 이미 짐작하고 이렇게 웃으면서 사실대로 대답하였다. 그러고도 미움을 사지 않았으니 기인이라는 말이 틀린 말이 아니었다.

또 한번은 이런 일도 있었다.

어느 날 이상재가 아주 못마땅한 표정으로 앉아 있기에 박정양은 넌지시 무엇이 불만인지 물어 보았다. 그러자 이상재는 이렇게 대답했다.

"내일이 내 생일이올시다."

대답을 들은 박정양은 어처구니없는 웃음을 껄껄 삼키며 안채에 이렇게 일렀다.

"오랜 식객에게도 생일은 제대로 차려 주어라."

그런데 푸짐한 생일상을 받아 본 이상재는 걸핏하면 "오늘이 제 생일이올시다"를 되풀이하는 것이 아닌가. 이 말을 듣고 행랑어멈이 안방마님에게 전하자 안방마님은 다시 박정양에게 전했다.

아무리 생각해 봐도 기이한 행동이라 박정양은 이상재에게 묻지 않을 수 없었다.

"도대체 자네는 생일이 한 해에 몇 번 돌아오는가?"

그랬더니 이상재는 벌써 준비해 놓은 대답을 거침없이 고했다.

"저 같이 객지 생활을 하는 사람에겐 생일이 매일이어도 좋지 않습니까?"

박정양은 마음이 넓은 사람이었다. 이상재의 대답이 무슨 뜻인지를 대번에 알고 크게 웃더니 그 동안 식객에게 제대로 대접하지 못했음을 깨닫고 식객에게 소홀하지 않도록 조처를 취하였다.

아주 오래 걸리는 출장을 떠나면서 박정양은 벽장 열쇠를 이상재에게 맡겼다. 벽장 열쇠는 아무에게나 맡기는 물건이 아니었다.

이상재가 벽장을 열어 보니 돈과 박 대감이 먹는 약과 생활 용품들이 들어 있었다. 이상재는 그가 없는 사이에 벽장 안의 물건을 모조리 꺼내고 대신 그 자리에 책을 챙겨 차곡차곡 얹어 놓았다.

오랜 출장에서 돌아온 박정양은 열쇠를 되받아 벽장을 열어 보고는 놀라지 않을 수 없었다. 그러나 그는 이상재에게 이에 대해 한마디도 하지 않았다. 이상재는 하루 이틀 기다려 보았으나 박정양이 단 한마디도 입밖에 내지 않는 것을 보고 마음으로 자기의 속

뜻을 받아들인 것이라 여겼다.

  박정양은 이상재의 깊은 뜻을 알아챘기에 말없이 그의 뜻을 받아들였다. 그것은 책을 더 중히 여기라는 간곡한 충고의 표현이었던 것이다. 이처럼 박정양과 이상재는 현실적인 신분의 차이에도 불구하고 서로 마음을 나눌 수 있는 정이 있는 사이였다.

6. 닌나유람단의 수행원이 되다

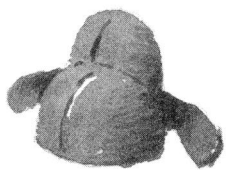

　1875년 일본은 당시 조선의 어지러운 사정을 염탐한 후, 운요호라는 큰 배를 끌고 강화도 앞에까지 바싹 다가와 한양을 위협하였다. 우리나라 수병은 그들에게 물러가라고 일렀건만 그들은 물러가지 않았다. 마침내 포를 쏘자 운요호는 물러가면서 대신 영종진에 포격을 해대었다. 이것이 바로 강화도 사건이다.

　이 포격전을 빌미로 일본은 1876년에 마침내 강화도에서 '수호조규'('강화도 조약'이라고 하며 이로써 조선의 강제 개국이 이루어졌다)를 맺도록 술책을 썼다. 우리나라의 조정은 이런 일을 당하고 나서야 조선 반도를 앞에 놓고 청나라와 일본이 서로 다투고 있음을 알아차리고 나라들끼리의 세력 다툼이 어떤 것인가를 알게 되었다. 뒤늦게나마 국제 정세를 바로 알아야 한다며 눈을 크게 뜨고 멀리까지 내다보는 실력을 키우자고 서둘렀다.

　조정에서는 여러 사람의 의견을 모아 우선 일본이라는 이웃 섬나라가 어떻게 그렇게 빨리 달라질 수 있었는지를 알아봐야 한다고 결정했다. 그리고 일본이 서양의 사조와 문명을 받아들여서 어떻게 자기네 실정에 알맞게 적용했는지 눈으로 직접 보고 와야 한다는 데 의견을 모았다.

결국 이 두 가지 의견을 종합하여 달라진 일본을 구체적으로 보고 오도록 시찰단을 보내기로 결정하였다. 1881년에 '신사유람단'이라고 이름 붙여진 시찰단이 일본 땅에 파견되었다.

시찰단의 우두머리는 박정양이었다. 이상재는 수행원 자격으로 박정양을 따라 바다 건너 일본 땅을 밟게 되었다. 그는 드디어 견문을 넓히는 기회를 얻게 되었다.

그는 비록 박정양을 모시고 가는 수행원 자격이었지만, 신사유람단으로 함께 시찰에 참여했던 승지 홍영식과도 깊이 사귀게 되었다.

시찰단 일행은 4월에 건너가서 70일 동안 도쿄, 요코하마, 고베, 나가사키를 두루 돌아보고 7월에 돌아왔다. 그들은 70일 동안 일본이 어떻게 서양의 문명과 사조를 받아들여 그것을 그들의 사정에 맞는 제도로 운영하고 있는지를 꼼꼼히 살펴보고 우리에게 도움이 될 만한 것이 무엇인지 알아보았다.

7월에 돌아온 이상재는 8월에 고종에게 시찰한 내용을 보고하는 문서를 올렸다. 이 보고서는 고종만이 아니라 조정에서 일하는 관리나 핵심 권력을 쥐고 있는 수구파에게까지 대단한 충격을 안겨 주었다. 그저 막연하게 바다 건너 한 나라의 사정을 듣는 정도가 아니라 입이 벌어질 정도로 놀라운 일본의 혁신이 구체적으로 기술되어 있기 때문이었다.

  일본의 소식을 접한 후, 조정은 정치의 개혁이 시급히 이루어져야 하며 선진국의 문물도 하루 빨리 받아들여야 한다는 쪽으로 입장이 기울었다. 따라서 외국의 문명을 받아들여 올바른 발전 책략을 세우는 것이 좋겠다는 개화파의 주장이 힘을 얻게 되었다.

  일본에 우리나라 시찰단을 보낸 것은 적절한 효과를 얻은 셈이었다. 신사유람단의 일본 파견은 넓은 세계에서는 국제 관계가 매우 중요하고 나라들 사이의 교류가 자기네 나라를 이롭게 하는 것이라는 새로운 생각을 갖는 계기가 되었다. 우리나라는 비로소 세계를 내다볼 수 있는 창이 있다는 것을 알게 된 것이다.

  컴컴한 동굴 속 같던 나라의 분위기를 바꾸어 밖을 내다보는 창을 활짝 열고 새로운 기운을 일으켜 보자는 개화 혁신 세력의 목소리가 높아졌다. 나라를 다스리는 일부터 새롭게 배워야 한다는 주장은, 우선 서양 사람들이 운영하고 있는 제도를 우리도 채택해야 한다는 의견으로 이어졌다.

  이런저런 논의를 거쳐 마침내 '우정 총국'이라는 기구가 새로 생기니 이때가 1884년이다. 이 우정 총국의 총판이라는 우두머리 자리에 홍영식이 앉게 되었다. 이상재에게도 관직이 주어졌는데, 홍영식이 일본 시찰 때 함께 갔던 이상재를 우정국의 주사로 임명한 것이다.

  이상재는 고향을 떠난 지 17년 만에 나라의 관직에 오른 셈이다.

과거 시험을 보지 않고 바로 나랏일을 맡게 되었으니 이것이 이상재의 첫 등용이었다.

그러나 이상재의 첫 관리 생활은 아주 짧았다. 이상재는 3월에 관리로 임명되었는데 바로 그 해 10월에 '갑신정변'이 일어났다.

당시 조선 내 정치 세력은 일본을 본보기로 삼아 개혁을 추구하는 개화파와 청나라와의 관계를 이어 가기를 원하는 수구파로 나뉘어 서로 각축을 벌이는 상황이었다. 갑신정변은 박영효, 김옥균, 홍영식 등 개화를 주장하는 청년 지식인들이 중심이 되어 나라를 개혁하고자 일으켰던 사건으로 이들은 청나라와의 관계 청산을 강력히 주장하였다. 따라서 이 사건은 그간 서로 눈에 보이지 않는 세력 다툼을 벌이던 청나라와 일본의 정면충돌을 불러왔다.

이 난리 통에 총판 홍영식이 청나라 군에게 죽임을 당하고 이상재는 관리로 일하던 인천에서 한양으로 돌아오게 되었다. 갑신정변으로 개화파가 쑥대밭이 되고 수구파는 개화파에 줄이 닿아 있던 사람들을 잡아들이기 시작했다.

이런 일이 한창 벌어지는 와중에 이상재는 처벌 책임자인 한규설을 제 발로 찾아가서 이렇게 말했다.

"나는 홍영식 밑에서 일하던 사람이라 죄에 연루되어 있는지 모르겠소. 고향 한산에는 늙은 부모가 계시어 마지막으로 고별인사를 드려야 하기에 관직을 내놓고 고향으로 돌아가는 길인즉, 뒷날 내 죄상이 드러나서 날 체포하라는 명령이 내려진다면 나는 결코 목숨을 구하려 도망하는 일은 없을 것이오."

한규설은 이상재의 이러한 태도를 보고 체포하지 않았다. 이런 연유로 이상재는 화를 면하게 되었다.

참으로 오랜만에 고향에 내려간 이상재는 서천군 한산면 종지리 땅을 밟고 두 팔을 한껏 벌려 하늘을 우러르며 이제부터는 홀가분한 마음으로 고향을 사랑하기로 작정했다. 초록 물결이 일렁이는 논과 그 위로 그림자를 이끌고 다니는 구름과 논밭을 안고 있는 높지 않은 산들이 새삼 정답게 보였다.

그는 조석으로 부모에게 문안인사를 드리고 아들들과 함께 논밭을 둘러보며 농사일에 팔을 걷어붙이기도 했다. 들짐승 산짐승을 사냥하는 일에도 재미를 붙이고 한산 모시 장이 얼마나 커졌는가도 눈여겨보았다.

이상재에게는 3년 동안 종지리에서의 시골 생활이 뿌리 내리기의 기간이었다. 이상재는 이런 생활을 통해 자신이 한산 사람이라는 자긍심만 얻으려 한 것이 아니었다. 백성들의 실제 삶이 어떠한 것인지를 스스로 체험하고자 이런 생활을 기꺼이 받아들이며 그것에 충실했던 것이었다.

뒷날 박정양의 부름을 받아 친군영(親軍營)의 문서를 다루면서 금전의 출납까지 담당하는 문안(文案: 여러 군영을 통할하던 관아)이라는 벼슬 자리에 앉기까지, 이상재는 서천군 일대의 산과 나무와 바람과 구름 그리고 새들과 친해지고자 30대 청년의 기를 고향

에 쏟아부었다.

어린 나이에 과거 시험을 치르기 위해 고향을 떠난 뒤 식객으로 한양에 머무르는 동안 잠깐씩 고향에 내려오기는 했지만, 30대 청장년의 나이로 이렇게 고향에 오래 머물기는 처음이었다.

그리하여 그는 글 읽고 농사일 도우며 산천을 돌아보고 걱정 근심 없이 초야에서 지내는 삶을 마음껏 경험하였다. 그러나 이상재의 타고난 기질은 그를 고향 흙바람 속에 묻혀 있게 하지 않았다. 이미 이상재는 국제 정세가 돌아가는 상황에 귀를 막고 눈을 감고 앉아 있을 수 있는 사람이 아니었다. 바람처럼 들려오는 이야기들은 이상재를 한산 들판 한가운데 가만히 세워놓지 않았던 것이다. 그 만큼 나라의 사정은 어지럽고 어수선했다.

1885년 이상재는 잠시 짬을 내어 한양에 올라왔다가 김홍집의 초청을 받게 되었다. 김홍집은 이상재를 만나 나랏일을 의논하고 함께 걱정하며 이런저런 대화를 나누었다.

김홍집이 먼저 물었다.

"요즘 온 나라가 관직을 탐하는 사람과 더러운 관리로 들끓고 있으니, 이들 가운데서 백성을 구해 내려면 적어도 8명은 죽여야 하지 않을까요?"

이상재는 얼른 말을 받아 대답했다.

"8명까지 갈 것 있나요? 3명이면 본보기로 족하지요."

김홍집은 그때 8도 관찰사를 빗대어 말한 것인데, 이상재는 영의

정, 좌의정, 우의정 3명을 의미한 것이었다. 이 한마디에 김홍집은 섬뜩하여 더 이상 아무 말도 못 했다. 그 세 명 안에 김홍집 자신이 들어 있었기 때문이다.

  이상재는 고향에서 지내는 동안 큰아들과 둘째 아들이 혼인하는 경사도 있었지만 어머니를 잃는 슬픔도 겪었다. 이상재는 17년이나 모시지 못한 어머니가 돌아가시자 그 동안의 불효를 후회하며 하염없이 눈물을 흘렸다.

7. 청나라와 벌인 외교 담판

　이상재는 고향에 묵으면서 못 다한 일을 하다가 1887년 박정양의 알선으로 다시 관직에 앉게 되었다. 새로 맡은 자리는 박정양이 미국에 전권 공사로 갈 때 함께 가는 수행원으로 임시 관직이었다. 전권 공사 외교관 일행은 모두 10명으로 구성되었는데, 이 때 함께 간 수행원 가운데 이완용도 있었으며 한국어를 조금 할 줄 아는 선교사 알렌도 끼어 있었다.
　그런데 뜻밖의 일이 벌어졌다. 청나라가 조선의 공사 파견을 못마땅히 여겨 시비를 걸고 나선 것이다.
　"조선은 미국에 공사를 파견할 자격이 없는 나라이며, 사전에 공사 파견에 대해 의논하지 않은 것은 청나라의 권위를 무시한 처사이다."
　청나라는 이런 주장으로 외교적 압력을 행사했다. 그러자 이번에는 미국이 청나라를 비난하고 나섰다.
　"조선과 미국 두 나라는 수호조약을 맺고 정식으로 수교를 하였으므로 나라를 대표하는 외교관을 보내고 받아들이는데 어째서 청나라가 끼어드는가?"

미국이 나선 후에야 청나라는 겨우 주장을 거두고 물러났다.

이런 사정으로 전권 공사 일행의 출발은 예정보다 늦어졌다. 당당히 한 나라의 외교관 자격으로 떠났건만 청나라는 여전히 조선을 독립 국가로 대우하기를 꺼리고 청나라에 속한 주변국으로 몰아가려는 속셈을 드러냈다.

박정양 공사 일행은 일본을 거쳐 샌프란시스코에 도착한 후 거기서부터 기차를 타고 워싱턴으로 갔다. 이렇게 해서 전권공사로서의 미국 생활이 시작되었다.

이상재 일행이 미국에 머문 기간은 약 1년이다. 그 기간 동안 웃지 못할 여러 가지 일들이 일어났다.

하루는 이상재가 우리나라 전통 관복인 사모관대를 차려 입고 위풍당당하게 거리를 걷는데, 이 차림을 이상하게 여긴 미국 소년이 바다 건너에서 온 동양의 외교관인 줄 모르고 돌을 던졌다. 이를 본 미국 경찰이 외교상의 결례라며 곧 소년을 잡아 가두었다.

사정을 알게 된 이상재는 경찰서에 찾아가 철없는 아이의 행동이니 풀어줄 것을 청하였다. 이 사실이 언론을 통해 미국 사회에 알려지자 미국 사람들이 조선 사람에게 호감을 가지고 그들을 대하는 태도가 달라지게 되었다.

이상재는 앞서 일본에 신사유람단으로 갔을 때에도 우리의 의복인 한복을 입고 갈 것을 고집한 사람이었다. 미국에서 이상재는 어디를 가나 숟가락과 젓가락, 지필묵 그리고 작은 요강까지 지니고 다녔다. 식사 때 비프스테이크가 나오면 서양식대로 나이프를 쓰지 않고 식당 종업원을 불러 잘게 썰어 내오라고 하여 젓가락으로 집어 먹었다.

이런 이상재의 태도는 어디를 가나 사람들의 관심을 끌었다. 그는 사람들의 시선에 개의치 않고 태연하게 자기 모습 그대로를 보여 주었으며 당당하게 우리 것을 드러내었다. 우리나라의 고유한 관습이나 풍습이 남에게 해가 되지 않는다면 그것을 버릴 이유가 없다면서 우리의 모습을 있는 대로 보여 주기를 망설이지 않았던 것이다. 이것이 이상재의 참된 모습이었다.

그러나 우리 공사 일행이 미국 사회에 조선의 참된 모습을 보여 준 일보다 더 중요한 것은 미국 땅에서 청나라의 간섭을 물리친 일이었다.

우리나라 조정에서 그 먼 미국에까지 전권 공사를 파견한 이유 중 하나는 청나라의 내정 간섭을 견제하기 위해서이기도 했다. 그러나, 이를 눈치 챈 청나라는 우리나라 공사 일행이 미국 대통령에게 국서를 전달하는 일까지 자기 나라 외교관이 대신 하겠다고 나섰다. 그것은 미국 땅 안에서도 조선이 미국과 직접 외교를 할 수 없다는 주장의 다른 표현이었다. 이런 훼방 때문에 미국 대통령에게 전달하는 국서 증정의 공식 일정이 또 뒤로 미루어졌다.

그때 미국 신문들은 두 나라의 외교 활동에 제3국이 끼어드는 것은 무례한 짓이라며 우리나라에 유리한 기사를 실어 주었다.

이런 복잡한 문제로 고민하던 박정양은 그만 앓아눕고 말았다. 따라서 전권 공사를 대신하여 고등 서기관인 이상재가 나서서 청나라 공사관의 외교관과 담판을 벌였다.

담판에서 이상재는 조선의 권리를 강력히 주장하였고, 이 일로 청나라를 물러나게 하였다. 이로써 마침내 조선의 국서 전달이 단독으로 이루어지게 되었다. 미국에 일행이 도착한 지 17일 만에 이루어진 일이었다. 워싱턴에 도착하여 9일 동안 이 문제를 놓고 옥신각신한 끝에 마침내 제대로 풀리게 된 것이다.

그렇다고 청나라의 간섭이 모두 사라진 것은 아니었다. 우리 공사 측은 계속해서 부당한 요구를 받았다. 청나라는 우리 공사 일행에게 '영약삼단'이라는 조건을 내놓았다.

첫째, 미국 영토 안에서 청나라 공사의 지도를 받아서 미국의 외무성에 출입할 것.

둘째, 조선 공사는 외교적인 조회나 공석에서 반드시 청나라 공사의 다음 자리에 자리를 잡을 것.

셋째, 중대한 일은 반드시 청나라 공사와 먼저 의논한 다음에 결정하도록 할 것.

이 영약삼단은 청나라에 대해 조선이 자유로울 수 없다는 것을 공식적으로 외교 모임에서 나타내려는 술책이나 다름없었다. 뿐만 아니라 우리나라 공사가 청나라 공사를 만나러 갈 때에는 빨간색 명함을 쓰라는 등 시시콜콜한 조건까지 만들어 놓고 지키라며 귀찮게 굴었다. 이 영약삼단이 박정양 공사를 괴롭힌 것은 말할 나위도 없었다. 한 나라의 전권 공사를 마치 청나라 공사의 아랫사람으로 대우하려 했기 때문이다.

박정양은 미국 땅에서 일일이 간섭하려고 드는 청나라의 태도에 순순히 고개를 숙이지 않았으며, 그것은 독립국의 외교관으로서 마땅한 처사라고 여겼다. 이는 다른 말로 자주 외교를 하려던 최초의 노력이었다. 그러나 이러한 태도는 청나라의 미움을 살 수밖에 없었다.

마침내 청나라는 이홍장을 시켜서 미국에 가 있는 우리나라 공사에게 본국으로 돌아가라고 소환 압력까지 행사하였다. 할 수 없이 박정양 공사는 이영하 서기관에게 공사 대리라는 직함을 주고, 워싱턴에 남겨 둔 채 공사관을 떠나야 했다.

이로써 우리나라와 미국과 청나라 사이에 미묘한 외교적 삼각 관계가 형성되었다. 그러나 우리 조정에서는 박정양 공사의 귀국 조치가 정당하지 않다는 이유로 받아들이지 않았다. 그래서 박정양 공사 일행은 고국으로 돌아가지 못하고 한동안 일본 땅에 머물며 조정의 눈치를 살펴야 했다.

이상재는 먼저 귀국해 박정양 공사가 워싱턴에 계속 머무를 수 없었던 이런저런 사정을 조정에 자세히 설명하였다. 그제서야 사정을 알게 된 조정은 박정양 공사의 입국을 정식으로 허락한다는 지시를 내렸다.

하지만 박정양 공사는 우리나라 땅을 밟고서도 한양으로 바로 들어오지 못하고 남대문 밖에서 70여 일이나 기다려야 했다. 청나라의 외교적 압력과 우리나라 조정의 눈치 싸움 때문이었다. 우리나라의 외교관이 고국으로 돌아가지도 못하고 자신의 나라에서조차 오도 가도 못하는 신세가 되어야 했으니 얼마나 한심한 일인가.

8. 직언으로 임금을 보필하는 사람

　박정양이 국왕을 찾아뵙고 귀국 인사를 올릴 수 있게 된 것은 1889년 7월이었다. 그러나 조정에서는 '영약삼단이 국왕에게 누를 끼쳤다'는 이유를 들어 박정양을 모든 관직에서 물러나도록 하였다. 그러나 이상재에게만은 지방의 벼슬자리를 주겠다고 하였다.
　이상재는 박정양마저 관직을 박탈당한 마당에 자신이 벼슬자리에 앉아 있을 이유가 없다고 생각하고 그 제의를 사양했다. 상관으로 모시고 갔던 박정양에게는 '외교관으로서 처신을 지혜롭게 하지 못했다'고 꾸짖으면서 자기에겐 벼슬을 내리는 조정의 조처가 도무지 못마땅했고 잘못된 처사가 아니라고 판단하였기 때문이다.
　조정은 이상재에게 지방 관직을 수락하라고 여러 번 종용했다. 그러나 이상재는 끝내 이를 받아들이지 않았다.
　마침내 고종이 직접 이상재를 불러 말했다.
　"정 그렇다면, 대신 아들에게 과거 시험을 보도록 하라."
　그러나 이상재의 대답은 뜻밖이었다.
　"신의 자식들은 시골에서 농사나 짓는 촌사람에 불과하므로 과거를 볼 자격조차 없사옵니다."

이를 옆에서 지켜보고 있던 조정의 신하들은 그렇게 대답하는 이상재를 달리 보게 되었다.

"과연 이상재는 기인이로다."

조정에서는 그제야 이상재가 다른 사람과 다르다는 것을 인정하였다. 고종도 이상재의 속마음을 잘 알기에 더 이상 벼슬을 권하지 않았다. 그 대신 미국 현지 사정에 대해 여러 가지로 묻고 그의 상세한 대답을 귀담아 들었다.

"미국이 과연 우리 공사 일행을 환대하더냐?"

"그러하옵니다. 그러나 전하께서 정사를 잘 펴시면 더 호의를 가질 것이요, 잘못 하시면 지녔던 호의도 사라질 것이옵니다."

함께 자리를 했던 신하들이 이상재의 이런 대답에 또 한번 놀라지 않을 수 없었다.

'이처럼 대담하고 솔직한 말을 감히 임금 앞에서 할 수 있다니!'

임금에게 직언을 하는 것이 그리 쉬운 일은 아니었기 때문이다. 그런데 이상재는 임금에게 아무 거리낌없이 아뢰고 있지 않은가! 이런 일이 있은 다음부터 이상재는 궁 안에서 '직언으로 임금을 보필하는 사람'으로 소문이 났다.

이상재가 벼슬자리를 한사코 마다한 까닭은 도리와 순리에 어긋나는 일을 따를 수 없다는 곧은 신념 때문이었다.

이상재는 벼슬을 하지 않고 지냈다. 그러나 그 기간은 그리 길지

않았다. 3년 뒤에 다시 박정양의 추천으로 한양에 불려오게 된 것이다.

1892년 동짓달에 조정에서는 나라의 재정과 경제 사정을 되살려 내기 위해 인천에 화폐의 주조를 담당하는 전환국을 지었다. 박정양은 나라의 공식 기구인 이 전환국의 위원 자리를 추천하였다. 전환국의 위원직에는 경우가 밝고 청렴하며 정직한 성품의 사람이 적임자였기 때문에 이상재가 추천되었다. 결국 그의 곧은 성품이 벼슬자리를 만든 것이나 다름없었다.

이상재는 미국과 관련되어 얽혀 있는 사정을 잊고 전환국 위원으로 2년 동안 일하였다.

그런데 1894년에 동학 농민 운동이 일어났다. 동학의 접주였던 전봉준을 필두로 관직을 이용해 백성을 괴롭히는 썩을 대로 썩은 나라의 관리들에게 시달리다 못한 농민들이 마침내 낫과 호미를 들고 일어난 것이다.

사람들은 이 운동을 '부패한 정부와 탐관 오리를 몰아내기 위한 농민 혁명'이라고 불렀다. 혁명을 외치는 농민군이 마른 들판에 번지는 불길처럼 호남 일대를 뒤덮게 되자 이들을 두려워한 관리와 양반들은 관군을 내세워 진압하고 농민군을 닥치는 대로 잡아들였다. 하지만 관군은 성난 농민군 앞에서 제대로 힘도 못 쓰고 물러서곤 하였다.

삼남 지방을 휩쓴 동학 농민군에게 백성들이 호응하는 것을 보고 나서야 우리나라 조정은 사태가 심각한 지경에 이른 것을 깨달았다. 부패한 정부와 탐관 오리들에 대한 백성의 원성이 얼마나 높고 큰 것인지를 비로소 알게 된 것이다.

  한편 양반 세력은 농민군의 봉기가 점점 거세지자 두려움을 느끼고 일본에 도움을 청하여 일본 군대를 이 땅에 불러들이고야 말았다. 국내에 들어온 일본 군대가 관군과 함께 농민군을 진압해 나가자 이상한 현상이 벌어졌다. 조선 반도에 일본의 세력이 커질 것을 우려한 청나라가 아산만으로 상륙하여 일본과 맞붙은 것이다. 이들 두 나라 군대는 농민군을 진압한다는 명목으로 조선 땅에서 맞붙어 자기 나라의 세력을 펴려고 다투게 된 것이다.

이것이 청일 전쟁의 발단이 되었다.

그 와중에 조정에서는 백성이 혁명을 요구하는 까닭을 놓고 논의한 끝에 정부가 먼저 개혁을 해 나가자는 데 의견을 모았다. 결국 개화파가 목소리를 높여 정부부터 변혁을 해야 한다며 1894년 새로운 변혁을 추구하는 '갑오경장'을 일으켰다.

조정은 내정 개혁을 실행하기 위해 교정청을 신설하여 자주적인 개혁을 추진하고자 했다. 그러나 일본은 가만히 이를 두고 보지 않았다. 결국 일본의 간섭에 의하여 교정청 대신 정치와 군사에 관한 모든 사무를 담당하는 군국기무처라는 새 기구가 설치되었다. 박정양이 이 기구의 내무독판이 되었고 이상재는 정3품 당상관인 승정원의 우부승지 겸 경연각 참찬이라는 높은 관직에 오르게 되었다. 이때 이상재의 나이 44세였다.

이상재의 사람됨이나 정치적 수완과 기지는 주미 외교관 시절에 청나라 공사와 담판을 벌여 국서 단독 증정을 성사시킴으로써 이미 입증되었는데, 이런 공로가 뒤늦게 조정에 알려짐으로써 당상관의 자리에 오르게 되었던 것이다.

하루는 박정양이 이상재에게 당시의 중전 민비의 측근 민응식이라는 재상에게 공적인 편지를 전하라고 하였다. 민 재상은 편지를 가지고 온 이상재에겐 별다른 관심을 두지 않고 공한을 받았다. 그러고는 이상재의 인사도 제대로 받지 않고 공한만 열어 읽었다. 이상재는 민 재상의 이런 태도가 못마땅하여 자신도 그냥 물러가려고 이렇게 고했다.

"시생은 그만 가겠습니다."

편지를 읽고 난 민 재상이 답장을 쓰다 말고 이상재를 바라보며 물었다.

"어찌 그리 급하시오?"

"시생은 공적인 일로 찾아왔거늘 대감께서 이처럼 홀대를 하시니 더 머무를 수가 없지 않겠습니까?"

이상재의 말이 몹시 귀에 거슬린 듯 민 재상은 혼잣말처럼 중얼거렸다.

"지금 답장을 쓰고 있는 중이 아니오? 요즘 외국에 나다닌 사람들은 대단히 거만하다고 하더니……."

이상재가 일본과 미국에 다녀온 것을 빈정대는 말투였다. 이를 즉각 알아차린 이상재는 즉석에서 쏘아붙였다.

"요즘 세상에 왜나라 천으로 된 수입 바지나 입고 여송연이나 피우면 개화가 된 줄로 아시우?"

이런 독설을 면전에서 들은 민 재상은 하도 어이가 없어서 이상재의 얼굴을 한참 바라보더니 더 이상 입을 떼지 않았다.

이상재는 개화파이든 수구파이든 또는 친일 정상배이든 가리지 않고 독설을 퍼붓는 사람으로 알려졌다. 그다지 높지도 않은 관직에 있는 사람이 아주 높은 관직에 있는 사람에게 퍼부어 대는 독설은 이상재를 나타내는 대명사처럼 사람들의 입에 오르내리게 되어 널리 퍼져 나갔다. 지나친 독설이어도 사심이 없는 것이었으므로 사람들은 이상재의 입심에 호감을 느꼈다.

정부의 조직이 바뀌면서 박정양은 학부대신을 겸임하게 되었다. 오늘날로 치면 교육인적자원부 장관인 셈이다. 박정양은 이상재를 학부의 학무국장 직책을 겸하도록 하여 아문참의라는 관직에 앉혔다.

이상재는 이 자리에 앉아서 일본과 미국에서 본 것을 참고하여 새로운 교육제도를 만들었다. 구체적으로 소학교, 중학교, 사범학교를 만들고 외국어 학교도 설립하였다. 과정에서 이상재는 이 외국어 학교의 교사로 일본 사람만 채용하라는 일본의 압력을 물리치고 외국어 학교에 여러 나라 사람을 교사로 채용하였다. 이것도 이상재만이 해낼 수 있는 정치적 압력에 대한 저항이었다.

1894년 8월에 이상재의 아버지 이희택이 세상을 떠났다. 그 시절까지도 부모가 돌아가시면 아들이 모든 관직을 내놓고 고향으로 돌아가 부모의 묘를 지키는 관습이 지켜지고 있었다.

이상재도 관직을 내놓고 고향으로 내려갔다.

고향에는 그것 말고도 또 다른 문제가 기다리고 있었다. 이상재가 열다섯 살 때에 할아버지를 모신 묏자리가 명당이라고 탐을 내던 지방 토호가 그때까지 줄기차게 그 묏자리를 빼앗으려고 획책하고 있었던 것이다.

할아버지의 묘 아래쪽으로 아버지의 묘를 쓰려고 하자 그 토호는 폭도를 시켜서 행패를 부렸다. 이상재는 눈을 부릅뜨고 맞서며 호통을 쳤다.

"지금은 내가 힘이 없어 너희들에게 맞아 죽겠지만, 내 자손들이 결코 가만히 있지 않고 그 원한을 갚아줄 터이니 알아서 하라!"

돈을 받고 행패를 부리던 폭도들은 이상재의 너무나 당당한 태도와 눈빛에 주눅이 들어 슬그머니 자리를 뜨고 말았다. 이상재의 눈빛에는 정의감과 기개와 기상이 함께 뿜어 나오는 독특한 힘이 담겨 있었다.

고종이 즉위한 지 32년이 되는 해인 1895년 조정에서는 고향에 내려가 있는 이상재를 다시 불러 올렸다. 그 부름이 하도 간절하여 올라오니 이번에는 이상재에게 학부의 참서관과 법부의 참서관이라는 두 가지 직책을 맡겼다. 정부는 이 직책에 거칠 것 없이 해대는 이상재의 기질이 필요하다고 판단했던 것이다.

이상재는 이 관직에 있으면서 외국 세력의 내정 간섭을 물리치려고 애썼다. 외세의 간섭이란 일본과 청나라 양쪽에서 밀어붙이는 세력 다툼이었다. 어떻게 하면 조정 안에까지 스며들고 있는 외세를 막아낼 수 있을까를 궁리하는 것이 이상재의 일이었다.

그런데 뜻밖에도 그 해에 민비 시해 사건이 벌어졌다. 자신들의 뜻대로 되는 일이 없다고 여겨 온 일본은 그 원인이 민비에게 있다고 판단하고 조선에 들어와 있는 일본 칼잡이들을 궁중으로 불러들여 조선의 국모인 민비를 시해하였다.

나라 안이 발칵 뒤집히고 정국은 말할 수 없는 혼란 속으로 빠져들었다. 나라가 망하고 있다는 소문이 번지자 흥분한 백성들은 나라를 걱정하며 곳곳에서 의병을 일으켰다.

이상재는 이런 시국에 참서관 관직에 앉아 있을 이유가 없다고 생각하고 모든 관직을 내놓겠다고 했다. 그러나 박정양의 만류로 외국어 학교의 교장직만 계속 맡게 되었다. 청년들이 외국어를 배울 수 있도록 장려하고 학교를 운영하는 일이 그 당시에는 절실했기 때문이었다.

국모가 궁궐 안에서 일본 칼잡이들의 손에 피를 흘리고 쓰러지자 국왕의 안위도 문제가 되었다. 할 수 없이 조정은 고종으로 하여금 러시아 공관으로 몸을 피하도록 조처하였다. 이것이 이른바 '아관파천'이다.

아관파천 후 이상재는 다시 내각 총서와 중추원 일등 의관이 되었다. 내각 총서는 직제가 바뀌어 내각 총무국장이라 불렸다. 임금에게 가는 모든 서류가 총무국장을 통해 올라가게 되어 있으므로 대단히 중요한 직책이었다. 임금이 러시아 공관에 들어가 있으니 이상재는 총무국장의 일을 보기 위해 임금에게 올리는 서류를 들고 러시아 공관으로 들어가 고종을 알현하곤 하였다.

하루는 공관 안의 왕실에 자주색 보자기에 싸인 문서 뭉치가 이상재의 눈에 들어왔다. 내각 총무국의 계통과 절차로 보면 당연히 이상재 총무국장을 통해서 임금에게 올려져야 할 문서였지만 어찌

된 일인지 이미 왕실 책상 위에 올라와 있었다. 이상재는 자주색 보자기의 문서를 한참 바라보다가 이렇게 한마디를 했다.

"폐하가 계신 방이 왜 이리 추운가?"

그러더니 갑자기 서양식 벽난로의 불길 속에다 문서 보따리를 던져 활활 불이 붙게 놔두었다. 이상재는 그 자주색 문서가 러시아어 통역관인 김홍륙과 궁중의 내시 강석호가 만든 매관 매직(돈을 받고 관직을 파는 것) 문서인 것을 눈치채고 그렇게 불 속에 집어 던졌던 것이다.

그런 행동을 하고서는 곧 임금인 고종 앞에 엎드려 흐느껴 가면서 아뢰었다.

"폐하, 큰 죄를 지었습니다."

고종은 이상재가 어째서 이런 행동을 하였는지 그 속을 헤아리고 벌을 내리기는커녕 위로를 해 주었다. 이 일로 이상재는 "죽음을 각오하고 제대로 간하는 충신이 백년 만에 나왔다"는 소리를 듣게 되었다.

1896년 10월, 고종은 전운사(轉運司)라는 직책을 다시 만들라고 명하였다. 이 직책은 각 지방의 세곡(세로 내는 곡식) 운반을 관리하는 자리였다.

그런데 이 전운사는 예전에 문제가 있어 폐지되었던 직책이었다. 세를 돈이 아닌 곡식으로 받을 때 곡식을 실어 나르는 전담 기구가 여러 가지 부정한 짓을 일삼아 왔기 때문이다. 그리하여 갑오경장 때 이것을 폐지하고 세금을 간편하게 돈으로 직접 받도록 고쳤다.

하지만 탐관 오리들은 이 직책을 다시 만들자고 계속 임금에게 아뢰었다. 그래야만 부정을 저지를 수 있고 다만 얼마라도 자신에게 떨어지는 것이 생기기 때문이었다. 고종은 그들의 속셈을 알아차리지 못하고 그 청을 받아들였다. 그러나 한참이 지나도 고종의 명이 시행되지 않자 하루는 탁지부 대신에게 물었다.

"짐이 전운사의 복구를 명한 지 오래 되었는데 어째서 반포하지 않고 있느냐?"

탁지부 대신이 임금의 뜻을 이상재에게 전하였다. 그러자 이상재는 그에게 당당하게 자기 의견을 내놓았다.

"대감, 전운사로 말미암아 동학의 난리가 일어나게 되지 않았사옵니까? 게다가 그 난리는 청일 전쟁을 일으키는 원인을 제공하였고 그 결과로 을미사변(민비 시해 사건)까지 당해야 했는데, 이를 알면서도 전운사를 복구하라니요?"

그러자 옆에서 듣고 있던 민병석이 이렇게 탄식하면서 어전으로 들어갔다.

"허어, 참! 어명에 반대하다니 이상재는 이제 죽겠구나!"

민병석은 임금에게 들어가서 도무지 나오지 않더니 날이 저물어서야 물러나왔다. 민병석이 고종에게 그 전운사 때문에 삼남 지방이 쑥밭이 된 사연을 낱낱이 아뢰어 마침내 칙령을 거두도록 했다.

이 일로 이상재의 충성스러움이 더 널리 알려지게 되었다. 고종이 민병석에게 동학의 난리가 일어나게 된 사연을 다 듣고 나서 마침내 한 번 내린 명을 거두었다는 사실을 듣고 이상재는 감격하여 통곡을 하였다.

"성명(聖明: 덕이 거룩하고 슬기로움)하신 상감마마를 올바르게 보필하지 못했기 때문에 나라의 꼴이 오늘날 이 지경에 이른 것이로구나!"

만일 이상재가 목숨을 걸고 반대하지 않았다면 전운사는 다시 만들어져 관리들의 비리가 계속 되었을 것이다.

9. 독립협회와 만민 공동회 활동

 당시 외국 사람들은 우리나라를 가리켜 '조용히 웅크리고 있는 나라', '은둔의 나라'라고 말했는데, 이것은 우리가 나라 밖이 어떻게 돌아가고 있는지 내다볼 창을 모두 닫고 나라 안의 일만 잘하면 된다는 생각을 품고 있었기 때문이었다.

 그러나 불과 30여 년 동안에 나라의 창을 열고 외국의 문물을 보고 배워서 나라 밖이 얼마나 넓고 큰가를 깨닫게 되었다. 뿐만 아니라 우리나라가 고려 왕조 500년, 그리고 조선 왕조 500년 동안 오로지 중국만 알고, 우리 스스로를 중국의 한 변두리 나라로만 여겨 온 것은 세상을 내다보는 시야가 좁았기 때문이었음을 알게 되었다.

 고종도 한 나라의 국왕으로서 우리나라가 청나라의 간섭에서 벗어나 다른 나라와 똑같은 위상의 독립국이어야 한다는 자각을 하게 되었다. 이를 실천하는 데는 적잖은 어려움이 있었다. 따라서 나라 이름을 '조선국'에서 '대한제국'(大韓帝國)으로 바꾸었다. 이 대한제국 선포식이 이루어진 곳이 오늘날의 서울 조선호텔 옆의 환구단이다. 이에 따라 1897년 이후 우리나라는 대한제국으로 바뀌고 임금은 고종 황제로, 돌아가신 민비도 명성황후로 고쳐 부르게 되었다.

이즈음 한양의 정동에는 외국 사람들의 모임이 생겼는데 동네 이름을 따서 정동 구락부(클럽)라고 했다. 처음엔 외교관들의 친목 모임으로 시작했으나, 점점 정치 단체로 그 성격이 바뀌었다. 이상재도 이 단체의 회원이 되어 외국 사람들과 교류를 갖게 되었다. 이상재는 일본과 미국을 다녀와 국제적인 감각을 익힌 바 있으므로 정동 구락부 회원들과 어울리는 데 어려움이 없었다. 그들을 통해 나라 밖의 사정을 누구보다 빠르게 알아낼 수 있었기에 이상재는 모임 때마다 빠짐없이 참석하곤 하였다.

1896년 7월에 이상재는 서재필, 윤치호, 남궁억과 함께 독립협회를 조직했다. 그는 서대문 밖의 모화관에 모여 우리나라의 자주 독립을 주장하고 외세에 의존해서는 안 된다고 역설했다. 그리고 외세에 기대어 옳지 못한 정치를 펴는 관리를 배격, 규탄하려면 백성이 깨어나야 한다며 계몽운동을 펼치기도 했다.

또한 독립협회는 청나라 사신을 맞이했던 영은문 자리에 독립문을 세우는 일을 추진하였고, 모화관(중국을 숭상하는 기념관으로 청나라 사신을 맞이하는 행사를 벌였던 건물)을 뜯어 고쳐 독립관을 만들었다. 이상재가 이런 일에 발 벗고 나선 것은 조선이 더 이상 중국에 매어 있어서는 안 된다는 생각을 주미 외교관 시절부터 가슴에 품어 왔기 때문이었다.

　이상재를 중심으로 한 독립협회는 거리에서 '만민 공동회'라는 큰 모임을 열고 강연을 통해 국민에게 나라 안팎의 사정을 알렸다. 또한 국민들이 이를 낱낱이 알아야 정부가 제 할 일을 할 수 있다고 주장했다. 이 만민 공동회가 열리는 날이면 서울의 종로 거리는 강연을 들으러 오는 사람들로 가득 찼다.

　만민 공동회에는 '대한독립'이라고 쓰인 깃발을 수십 개나 꽂아 놓고 박정양과 같은 정부 고관에서부터 사회단체 회원들, 학생들, 시민, 상인 심지어 백정과 맹인에 이르기까지 모두 모여들어 연설을 들었다.

　이 모임은 관심 있는 사람이라면 누구나 다 참석하여 귀를 열고 입을 열 수 있도록 공개 모임으로 진행했기 때문에 참가자들의 호응을 얻을 수 있었고 그 반응이 바로 전달될 수 있었다. 이런 자리에 권력을 지닌 높은 관리도 불러내고 또 민간 단체들을 이끌어 가는 지도자들도 참여하도록 하여, 길을 가던 사람, 할일 없는 사람, 장사꾼, 짐꾼, 일꾼, 그리고 관심 있는 참가자들의 모든 이야기를 듣도록 하였으니 이는 바로 '민심'을 현장에서 듣고 알도록 하는 공개 정치의 첫 걸음이었다.

　뿐만 아니라 정부가 추진하는 시책이 잘된 것인지 잘못된 것인지를 만인 앞에서 따져 볼 수 있고, 나라의 형편이 어떻게 되어 가는지를 조목조목 듣고 성토할 수 있었다.

만민 공동회라는 대회 명칭 그대로 그 모임은 만민, 곧 누구나 한 자리에 함께 자리하여 나랏일을 알아보고 잘못을 지적하며 어떤 경우엔 힘주어 고치기를 요구할 수도 있었던 열린 기회였다.

나라의 정치가 그릇되게 운용되면 상소를 올릴 수 있었지만 그것은 격식과 예의를 갖춘 글로 써서 올리는 것이므로, 그 절차가 까다롭고 또 시일이 오래 걸릴 수밖에 없었다.

이상재가 맡고 있던 직책이 문서를 관장하는 국장이었으므로 이런 불편은 누구보다 잘 알고 있었다. 그래서 이상재는 연설로 백성에게 알리고 백성의 소리를 황제에게 알리는 제도로 만민 공동회에 그토록 적극적이었던 것이다.

말하자면 이 제도는 우리나라가 비록 늦긴 했어도 그나마 민주주의를 받아들일 수 있는 절호의 기회요, 과정이었다.

독립협회는 만민 공동회에서 당시의 의회인 중추원을 서양의 의회처럼 고치자는 안을 내걸고, 국민에게 강연을 통해 이러한 내용을 설명함으로써 국민들로부터 지지와 힘을 얻었다.

서양의 정치 체제를 보면 영국과 북유럽의 여러 나라에는 왕이 있으면서도 민주주의를 잘 해 나가고 있다. 이러한 군주를 모시는 민주주의는 이상재가 이상으로 여긴 새로운 정치 제도요, 개혁적인 발상이었다.

임금이 다스리는 나라에는 모든 권력이 임금에게 집중되기 마련이다. 그러므로 이권을 노리는 사람들이 수단과 방법을 가리지 않고 그 주변에 몰려들었다. 임금은 세모꼴의 꼭지점처럼 오뚝하나, 실은 외로운 자리인 것이다. 때문에 그들이 권력을 부패시키는 것을 막으려면 반드시 청렴한 신하가 임금에게 가까이 있어야만 했다. 이상재는 이것보다 차라리 제도적으로 부패를 막을 수 있는 의회 제도가 더 효과적이라고 보았던 것이다.

백성이 뽑은 대표들이 의회를 구성하여 내각이 하는 일을 일일이 알아보고 견제하면 능히 내각의 부패를 막을 수 있다고 판단했던 것이다. 이런 의견을 백성에게 연설하여 알리는 일도 이상재가 앞장서서 맡았다.

이상재는 만민공동회를 기획하고 추진한 것뿐만 아니라 사회까지 직접 보았다.

만민 공동회에서는 종종 연사의 말을 듣고 난 뒤에 사회자가 "가(可)하면 예, 아니면 아니요 하시오" 하고 대답을 유도하기도 했다. 눈만 멀뚱히 뜨고 듣고 있지 말고, 말하는 이의 말이 옳으면 옳다고 하고 그르면 그르다고 맞장구를 치라는 뜻이었다. 이는 백성을 정치에 끌어들이는 한 방식이었다.

이런 만민 공동회의 큰 모임을 보고 난 외국 사람들은 한국식 민중대회는 '예·아니요 모임(yes and no meeting)'이라고 말했다. 이상재는 민주주의 회의 방식을 이렇게 가르쳤으며 독립협회는 민중에게 민주주의라는 것을 이런 식으로 소개했던 것이다.

이에 힘입어 만민 공동회에서는 나라를 다스리는 국정을 개혁하자는 내용을 6개조로 써서 이를 조정에 올리기로 결의하였다. 백성의 소리를 모아 내각의 잘못을 지적하고자 했던 것이다. 마침내 만민 공동회가 상소한 의회 설립 법안이 고종 황제의 재가를 얻어 1898년 11월 2일 공포되었다.

만민 공동회에 깊이 연관된 개혁파의 주장이 승리한 것이다. 그러자 수구파들이 이런 일을 가만히 볼 수 없다고 불만을 토로하였다. 이로써 개혁파와 수구파 사이의 골이 깊어져 갔다.

수구파는 개혁파들이 만민 공동회라는 거리의 모임을 통해 백성의 힘을 얻어 '정부가 하는 일이 그르다'고 비판하며 〈상정부서〉 따위의 상소를 올리는 것을 아주 못마땅하게 여겼다. 그런데 수구파의 심기를 더욱 건드린 것은 척외(斥外: 외세를 배척한다)와 황권(皇權: 황제의 권한을 인정한다) 확립을 내세운 국정 개혁 6개조였다. 그들은 이것이 '외세를 배척하고 고종 황제의 권위를 더 든든하게 하자'는 뜻과는 달리, 러시아 쪽으로 기울어 러시아의 힘을 빌려야 일본이나 청나라의 힘을 막을 수 있다고 주장하는 사람들의 의견이라고 해석한 것이다.

따라서 수구파와 관련을 맺고 있는 황국협회는 다음과 같이 주장하였다.

"개혁파들이 만민 공동회라는 이름으로 백성을 선동하여 벌이고 있는 짓거리는 이 나라에서 군주제를 폐지하고 그 대신 공화제를 실시하려는 계획이 감춰져 있다. 이것은 정치적 국체 변경 음

모다."

수구파는 그런 말을 은근하게 흘렸다. 이들은 보부상들의 입을 통해 그런 소문을 퍼뜨리게 했다. 봇짐을 지고 여기저기로 장날에 맞춰 돌아다니는 사람들, 곧 장꾼을 보부상이라고 하는데 이 보부상 패는 한곳에 오래 머물지 않고 닷새가 지나면 또 어디론가 이동하는 사람들이었다. 그래서 이들을 꼬드겨 전국으로 소문이 퍼지게 하였다.

이 일로 결국 독립협회의 간부들이 경무청에 잡혀 갔다. 이때 잡힌 독립협회 간부는 17명이고 이 가운데 이상재도 포함되어 있었다. 그러나 이 일이 황국협회의 음해 때문이라고 여긴 독립협회 회원들과 시민들이 "잡아 가둔 자를 풀어 주라!"며 시위를 벌였다. 서울 종로 거리의 정치적인 시위는 이때부터 시작된 것이다.

이렇게 독립협회와 만민 공동회의 간부들을 석방하라고 밤새워 시위를 계속하자 조정에 참정으로 있던 심상훈은 애절한 상소를 올렸다. 이상재는 고종 황제에게 특사의 영을 받고, 갇힌 지 10일 만에 풀려나게 되었다.

그러나 국민들은 종로 거리에서 흩어지지 않고 계속 외치면서 시위를 벌였다. 그들의 주장은 이러했다.

첫째, 러시아 쪽으로 기운 수구파로 구성되어 있는 정부를 해체하라.

둘째, 개혁 정부를 다시 만들라.

셋째, 첫 상소문대로 우리나라도 백성이 뽑은 사람으로 의회를 구성하라.

보부상 패는 어디서나 독립협회에 간여하는 사람을 만나기만 하면 주먹질을 하거나 몽둥이질을 해댔다. 결국 독립협회는 협회로 발족한 지 겨우 3년 만에 황제의 명령으로 해산되고 자주 독립을 해보겠다는 꿈은 안개처럼 흩어지고 말았다.

그러나 독립협회 간부와 만민 공동회 개최자들의 노력이 모두 백지화된 것은 아니었다. 백성들은 그 모임을 통해 생전 들어 본 적 없는 정부의 잘못을 낱낱이 들을 수 있었고, 이런 식의 정치 모임이 가능하다는 것과 민중도 정치에 참여할 수 있다는 사실을 깨닫게 되었기 때문이다. 이것은 《독립신문》을 찍어내고 독립문을 세운 것 못지않게 중요한 성과로 비록 돌밭이지만 우리나라에 민주주의의 씨앗을 뿌렸던 것이다.

10. 황성 기독교 청년회에 혼신을 쏟는 '늙은 청년'

　독립협회가 해산되자 이상재는 관직에서 물러나 가난한 삶을 이어갈 수밖에 없었다. 그는 남들처럼 해외로 나가거나 피신도 하지 않고 그냥 한양에 머물면서 고향에서 올려 보내는 양식으로 근근이 생활하며 나라의 앞날을 걱정하였다.

　그러나 이상재는 그러는 사이에도 가만있지 않고 탐관 오리들의 부패상과 정부의 무능함을 낱낱이 밝히고 다녀서 정부 고관들에게 미움을 받게 되었다.

　결국 이상재는 둘째 아들 이승인과 함께 붙잡혀서 경위원에 갇혔다. 이때가 1902년 6월, 고종이 황제로 즉위한 광무 6년째 되는 해였다. 정부 고관들은 이상재가 초야에서 지내는 2년 동안 일본으로 피신한 개혁파 무리와 연락을 취해 나라를 뒤엎으려 했다는 이른바 개혁 음모죄로 이상재 부자를 잡아 가두었던 것이다.

　이상재는 1902년부터 1904년까지 옥중에 있으면서 여러 권의 책을 읽었는데, 특히 외국 선교사들이 들여보내 준 기독교 서적들과 성경을 여러 번 되풀이하여 읽었다.

그는 한성 감옥에서 요한복음을 무려 서른 번 이상 읽었으며, 특히 요한복음 21장을 읽으면서 뜨거운 내면의 변화를 체험하고, 지금의 고통은 우리에게 시련을 통해 강해지라는 하늘의 뜻으로 이해하게 되었다. 이상재는 자기가 경험한 내면의 뜨거운 변화를 민족 전체에까지 확산시키는 전환점으로 받아들이면서 망국의 한을 삭이고자 했다.

이것을 계기로 이상재는 나이 54세에 기독교 신자가 되었다.

1904년 2월, 러시아와 일본 사이에 전쟁이 일어났다. 이른바 러일 전쟁이었다.

우리나라를 가운데 놓고 벌어지던 국제적 다툼이 중국과 일본 사이의 갈등에서 일본과 러시아 사이의 갈등으로 바뀐 것이다. 그러나 조정에는, 강대국들 간의 이권 다툼의 틈바구니에서 일본이 꾸미는 계략을 제대로 간파하고 있는 관리가 없었다.

러일 전쟁으로 일본 군대가 조선에 들어오게 되자 나라 안의 형세가 뒤바뀌었다. 그동안 친러 수구파 세력에게 미움을 받아 감옥살이를 하던 사람들이 풀려나게 되었던 것이다.

이상재는 감옥에서 나오자마자 시책이 잘못되었음을 세상에 알리는 이른바 '건백서(建白書)'를 써 올렸다. 바로 이런 점에서 이상재의 곧은 성격을 찾을 수 있다.

매국하는 도적들과 한 조정에 함께 설 수 없사온 즉, 폐하께서는

만일 신이 그르다고 생각하시거든 신의 목을 베사 모든 도적들에게 사례하시고 만일 신의 말이 옳다고 여기시거든 모든 도적들의 목을 베어 국민에게 사례하소서.

그러던 중, 일본과 우리나라 사이에 을사 5조약이 맺어졌다. 이것은 일본이 우리나라의 외교권을 박탈하기 위해 강제로 체결한 것이었다. 고종 황제는 위기를 느끼고 국제 정치에 밝은 인재를 찾다가 결국 이상재를 불러 이렇게 간청했다.

"을사 5조약으로 나라의 주권이 흩어지고, 조정은 이권을 밝히는 신하들로 가득 차 있으니 짐은 뼈저린 고독을 느낀다. 그대가 다시 참찬으로 와서 짐을 도와주기 바란다."

황제에게 충성스러운 민주주의를 외쳤던 이상재는 이 청을 거역하지 못하고 참찬 자리에 앉게 되었다. 그러나 기우는 나라를 떠받치려는 노력과 의지에도 불구하고 대한제국은 이미 피사의 탑처럼 기울어지고 말았다.

일본은 그들의 계략대로 을사 5조약을 체결한 뒤 '일본이 얼마나 강하며 또 앞서 있는지를 가서 보고 오라' 는 뜻으로 시찰단을 만들어 자기 나라에 보낼 것을 요구했다. 우리나라의 유명 인사들이 거의 다 들어가 있는 이 시찰단 속에 물론 이상재도 끼어 있었다.

일본에 다녀온 그 이듬해인 1906년 이상재는 일본 통감부와 정면으로 부딪치는 사건을 겪게 되었다. 그것은 이민 보호법과 관련된 것이었다.

새로 만들어진 이민 보호법의 한 조항에 '일본 제국 통감부의 승인을 요한다' 는 구절이 들어 있었던 것이다. 이것은 우리나라에 대한 일본의 주권 침탈이었으므로 이상재는 이 조항을 삭제해야 한다고 주장했다. 그러면서 이 법조문을 반포하지 않고 미뤄 놓았다. 결국 이상재는 통감부의 미움을 사 그들의 감시를 받게 되었다.

이 해 조정에서는 네덜란드의 헤이그에서 1907년에 열리는 만국 평화 회의에 한국 대표단을 보내어 대한제국이 일본에 의해 주권을 침탈당한 사실을 알리기로 하였다. 이에 조정은 이위종, 이상설, 이준을 대표로 파견하기로 하고 그들과 은밀하게 연락을 취하고 있었다.

뭔가 이상한 낌새를 눈치 챈 일제는 통감부를 시켜 조정의 핵심 인물인 이상재를 경무청에 잡아넣으라고 지시했다. 그러나 아무리 조사를 하여도 이상재의 입에서는 증거가 나오지 않았다. 이상재는 증거 불충분으로 두 달 만에 풀려 나왔다. 이런 일을 겪은 이상재는 고종 황제에게 관직에서 물러날 뜻을 글로 써 밝히고 참찬 자리에서 물러났다.

이상재는 관직에 몸담고 있는 것보다 차라리 청년들을 가르치고 지도하여 나라를 바로 세우는 것이 낫겠다는 원대한 구상을 품게 되었던 것이다. 그는 청년들을 지도하고 계몽하는 일이 종교 활동을 통해서 가능하다고 생각했다. 사실 당시 상황에서는 그럴 수밖에 없었다.

이상재는 감옥에서 사귄 동지들과 함께 서울 연동 교회에 입교했다. 그리고 마치 청년이 기개를 펼치듯이 나이 55세에 황성 기독교 청년회에 가입했다. 이 황성 기독교 청년회가 오늘날 YMCA의

전신이다.

　이상재는 쉰이 넘은 나이를 잊고 청년의 마음이 되어 황성 기독교 청년회에 몸과 마음을 쏟아 부었다. 이상재는 곧 황성 기독교 청년회에서 교육부 위원장을 맡게 되었다.

　그러나 1907년은 이상재에게 참을 수 없는 비통함을 안겨 준 해였다.

　친러파 이완용은 슬그머니 친일로 돌아서서 우리나라 정부의 총리대신이 되었으며, 이준 열사는 대한제국이 주권 침탈을 받고 있다는 사실을 알리지 못하고 헤이그에서 순국하고 말았다. 고종 황제의 밀사인 헐버트는 미국으로 쫓겨났으며 헤이그 밀사 파견을 트집 잡아 고종 황제마저 황제 자리에서 강제로 퇴위되었다. 그나마 명맥을 유지하던 우리나라 군대마저 해산되었고 왕세자는 일본으로 끌려가 인질의 신세가 되었다. 참으로 기가 찰 노릇이 아닐 수 없었다.

　엎친 데 덮친 격으로 이상재는 부인 유씨와 맏아들마저 세상을 떠나는 슬픔을 겪었다. 장례 일로 고향 한산에 가 있던 이상재에게 급히 경성으로 올라오라는 한 장의 전보가 날아왔다. 뜻밖의 일이었다.

　이완용이 친일 내각의 총리대신이 되어 있는 마당에 이상재에게 법무대신을 맡으라는 사연이었다. 통감부는 이상재를 이용하고자 그런 제의를 했던 것이다. 참으로 어이가 없는 일이었다. 이상재가 한마디로 거절한 것은 당연한 일이었다.

대신 고종 황제를 강제로 퇴위시킨 일본의 만행을 차마 볼 수 없었던 이상재는 거리로 뛰쳐나와 시위에 앞장서며 사람들과 함께 울분을 토했다. 그러나 그는 그것으로는 나라를 다시 일으킬 수 없음을 깨달았다. 이 나라의 청소년에게 민족 의식을 일깨워 주는 것이 더 중요한 일임을 느끼게 되었다. 이 일을 계기로 그는 황성 기독교 청년회의 일에 더욱 열심히 매달렸다.

1908년 이상재는 황성 기독교 청년회의 종교부 총무가 되었다. 그는 이제 기독교 청년회의 '나이 많은 청년'이 아니라 '지도자'를 맡으면서 눈부신 활동을 벌이게 되었다.

그의 이런 활동은 단순히 개인의 신앙 차원에서 이루어진 것이 아니었다. 그것은 일본에 맞설 수 있는 인재를 교육시키고 민족 의식을 심어 주는 교육 활동이었다. 이상재의 이런 생각은 10년 뒤에 일어난 1919년 기미 독립운동의 밑거름이 되었다.

그러는 가운데 1908년인 융희(순종 즉위 후 썼던 연호) 2년에 수안 군수로 있던 둘째 아들 이승인마저 세상을 떠났다. 이상재는 가족의 잇따른 불행을 그대로 겪을 수밖에 없었다.

11. 일본의 '105인 사건' 조작과 YMCA 탄압

을사 5조약을 강제로 맺은 지 5년이 지난 1910년, 마침내 일본은 대한제국과 일본을 하나로 합치는 합병 조약을 계략대로 밀고 나와 대한제국은 사라지고 말았다.

경술년(1910년) 융희 4년은 대한제국과 일본이 합병되는 국치를 당한 해였고 이 사건을 '경술년의 국치'라고 일컫게 되었다. 곳곳에서 한탄과 분노가 쏟아졌다.

이상재는 그때 미국에 나가 있던 이승만에게 귀국하라고 하여 황성 기독교 청년회를 새로운 나라 찾기 운동의 중심으로 삼고 일본을 반대하는 배일 운동을 펴 나갔다.

이 해 10월 이상재는 자신의 회갑 잔치를 차리지 못하게 하는 한편, 기독교 행사를 통해서 조직적인 배일운동을 벌였다. 그러나 기독교 청년회가 일본에 반대하는 중심 기관으로 활동하는데다가 이상재가 YMCA 종교 부장으로 일하자 일본은 YMCA의 해체를 획책하기 시작했다.

한편 이상재는 YMCA 새 회관을 짓고 청소년을 육성할 교육 프

로그램을 구상하여 1910년에 전국 규모의 기독교 학생회 여름 행사인 '제1회 전국 하령회(夏令會)'를 개최하였다. 이상재는 이 행사에서 한일 합방의 부당함에 대하여 성토하였다.

일본이 이를 그냥 보고만 있을 리 없었다. 그들은 우리나라에 와 있는 일본 총독 데라우치를 암살하고자 하는 음모가 독립운동 단체인 신민회와 기독교인을 중심으로 이루어지고 있다며 '암살 음모' 사건을 조작해 YMCA 간부들을 잡아 가두었다. 이것이 바로 '105인 사건'이다.

다행히 이상재는 그때 셋째 아들의 장례 때문에 고향에 내려가 있어서 그 올가미에 걸려들지 않았다. 이윽고 서울에 올라온 이상재는 YMCA 간부들을 위한 100만 명 구명 운동을 전개하였다. 이 구명 운동에는 기독교인, 비기독교인 할 것 없이 구름처럼 참여해 '이상재의 힘'을 다시 한 번 일본에 보여 주었다.

105인 사건 이후 YMCA의 총무였던 질레트가 추방당했고, 후임 총무에 이상재가 임명되었다. 일본 통감부는 질레트를 내쫓고 나서 총독부를 시켜 YMCA 안에 친일파 인사를 심어 '유신회'라는 것을 조직하게 하여 YMCA 조직을 붕괴시키려는 공작을 은밀히 펴기 시작했다. 한국 YMCA를 일본 YMCA와 연결시켜 차츰 예속하려는 의도였던 것이다. 일본은 한국과 자기네 나라가 '하나의 나라'가 된 이상 황성 기독교 청년회는 일본에만 있어야 하고 한국에는 더 이상 있을 수 없다는 궤변을 늘어놓았다. 일제는 대한제국과 일본이 따로 존재하지 않으므로 황성 기독교 청년회도 일본과 하나의 기독교 청년회라야 한다는 논리를 내세운 것이다. 또한 통감부는 기어코 '황성 기독교 청년회'를 '조선 기독교 청년회'로 바꾸도록 압력을 넣었다. 뿐만 아니라 YMCA의 이사들 가운데 외국인들을 몰아내려고 획책했다. 이것에 반대하여 서양인 이사 4명을 계속 유임하도록 한 이가 바로 이상재이다.

이상재는 일제의 획책을 근본적으로 막기 위해 일본에 건너갔다. 이상재는 일제와의 담판에서 정치와 종교의 분리 원칙을 들고 종교 단체의 대등한 지위를 내세워 일본 기독교 청년회가 대한 기독교 청년회의 상위 단체가 아님을 주장하였다. 그는 '일본 YMCA 동맹은 한국 YMCA의 일을 간섭하지 못한다'는 한 구절을 YMCA 연합 조직 결의서에 포함시키는 데 성공했다. 이로써 일본 YMCA에 한국 YMCA가 예속되는 것을 막았던 것이다.

망국의 슬픔을 안고 일본 땅을 밟은 이상재에게 도쿄 유학생들은 조선 공사관이었던 유학생 감독부로 초청해 강연을 부탁했다. 그때 이상재는 나라 없는 종교인 대표로 한국 유학생들을 만나 말로 다할 수 없는 슬픔을 털어놓았다.

"오늘 이 자리에서 청년 제군을 만나니 마치 부모 잃은 동생들을 만난 것 같습니다."

이렇게 첫마디를 꺼낸 이상재는 강연 도중 울분에 겨워 끝내 울음을 터뜨리고 말았다. 이상재의 강연을 듣기 위해 모였던 도쿄의 유학생들 모두가 눈물을 흘리는 바람에 강연장은 온통 눈물바다가 되었다.

이상재는 귀국하여 전도 강연이라는 명목으로 전국을 차례로 돌았다. 그는 "민족 의식을 북돋우자"고 역설하며 민족이 깨어나야 앞으로 나랏일을 제대로 이끌 수 있다고 강조하였다. 그의 강연은 전도 목회의 설교라기보다 나라를 염려하는 시국 강연에 가까웠다.

또한 이상재는 YMCA에서 성서를 가르치면서 예수의 비폭력 운동을 누누이 강조하였다.

"비폭력으로 맞서야만 끝까지 맞설 수 있다. 그 대신 동포여! 정신을 똑바로 차리자."

그리고 연설문을 인쇄하여 나눠 주기도 했다.

이상재에게는 겉모습과 속마음이 하나가 되고 '나'와 '우리'가 하나가 되는 공간이 교회이고 또 YMCA 강당이었다. 이상재는 늘 그곳에서 앞으로 '나'와 '우리'는 '민족'이라는 더 큰 이름으로 다시 한 번 거듭나기를 간절한 마음으로 기도하였다.

기독교의 부활 사상은 그대로 국권의 회복으로 연결되었다. 그는 1910년부터 계속된 민족의 수난을 몸으로 지탱하면서 애초에 독립협회 운동에 기울였던 노력을 YMCA 운동에 고스란히 쏟아 부었다.

YMCA에서 함께 일했던 그레그가 그의 친지에게 보낸 편지에 이 시절의 이상재를 표현한 내용이 있다.

며칠 전 그 산악 같던 기상의 노신사 이상재 씨가 내 방에 찾아왔을 때 그의 인상은 예언자의 모습이었다.

이상재를 성서 속에 나오는 예언자 같다고 한 그레그의 표현에서 이상재의 풍모를 엿볼 수 있다.

당시 이상재에게는 내면에 깊은 충격을 안겨 준 몇 가지 사건이 있었다.

1905년 11월 18일 을사 5조약이 맺어졌다는 사실이 알려지자 황성신문사 사장이던 장지연이 사설 '시일야 방성대곡'을 써서 국민을 모두 울린 것이 그 첫 번째 사건이었다.

그리고 정동 구락부와 독립협회에서 아주 가까운 동지로 지낸 민영환이 45세 나이로 '아아, 나라와 겨레의 치욕이 이에 이르러……'라는 유서를 남기고 스스로 목숨을 끊으니 이것이 두 번째 사건이었다.

또한, 17년이나 가까이 모신 박정양이 을사 조약의 무효와 매국 적신(도적 같은 신하라는 말)들의 처형을 요구한 상소를 두 번이나 올렸으나 받아들여지지 않자, 그만 분통을 터뜨리고 쓰러져 병을 얻고 눈을 감았으니 이 사건 또한 이상재가 받아들이기 어려운 충격이었다.

그렇다고 이상재가 절망할 것인가. 이상재는 여기서 청년을 통

해 나라를 구해야 한다는 것을 깨닫고 그 길을 택했던 것이다.

이상재는 인애(仁愛)와 성신(誠信)을 새로운 삶의 지표로 삼고 정신(Sprit), 마음(Mind), 몸(Body)의 건강을 위한 3육정신(三育精

神)을 청년에게 강조하려고 애썼다.

이러한 삼육정신을 스스로 실천하고 보여 주기 위해 청년들과 함께 운동장에서 달리기를 하기도 하고 그들과 어울려 장기를 두기도 했다.

이상재와 장기판에 마주앉은 청년들이 "선생님 이젠 지셨습니다" 하면, 뻔한 파장인데도 끝까지 버티면서 마지막 한 수를 두고서야 "이젠 내가 졌다"고 승복했다. 결코 그 마지막 한 수까지 포기하는 일이 없었다.

그 시절 사람들은 '소년' 이라는 말과 '장년' 이라는 말은 자주 썼으나 '청년' 이라는 말은 잘 쓰지 않았다. 그런데 이상재가 이 '청년' 이라는 말을 새로운 개념으로 설명하고 쉰 살이 넘은 자신도 청년이라고 당당하게 말하곤 했다.

조선 사람들에게는 청년기가 없었기에 소년으로 자라서, 장가를 들면 대번에 장년이 되어 버렸다. 그런 까닭에 일찍 늙어 허세만 부리다가 죽고 말았다. 그러니 우리 모두 이제부터 청년이 되어 젊은 정신을 이어가자.

이것이 이상재가 말하던 청년의 뜻이다. 나이와 관계없이 지니고 있는 뜻이 새롭고 푸르면 청년이라고 해석한 것이다.

실제로 회갑을 넘긴 노년기의 이상재가 스스로 청년임을 자처하면서 정열을 불태우자 사람들은 그를 가리켜 "저 사람은 늘 힘이 넘치나 봐" 하고 비꼬는 소리를 하기도 했다.

　일본의 식민지 정책을 그대로 순순히 받아들이는 일을 절대로 용납할 수 없었던 이상재는 그렇다고 미련하게 일본이라는 실세에 정면으로 부딪쳐 몸으로 저항할 수도 없는 처지였다. 현실에 대한 순응도, 굴종도 결코 아니지만 저항과 대결 의식이 마음 속에서 불같이 타올랐던 지식인, 이런 지식인의 모습을 이상재에게서 엿볼 수 있었다.

12. 거리낌 없는 독설가

이상재의 거침없는 입담을 보여주는 몇 가지 일화가 있다.

일본 통감부는 일본 귀족을 경성으로 데려오기로 하였다. 그들은 거리에 일본 국기를 달고 거리를 깨끗이 청소하라며 소란을 피웠다. 이런 소란은 이상재가 살고 있는 동네의 파출소 소장에게까지 시달되었다.

"이리 오너라!"

일본인 파출소 소장이 이상재의 집 문 앞에 와서 양반이 머슴을 불러내는 식으로 이상재를 불렀다.

이에 이상재는 "오냐, 나가마" 하며 대문을 열어 주었다.

파출소 소장이 이상재에게 말했다.

"국빈이 오십니다."

그러자 이상재는 한 수 더 뜨는 말을 했다.

"그렇습니까? 이런 누추한 곳으로 오시다니……. 얘들아, 마당에 황토를 깔고 걸상이 없으니 절구통이라도 가져다 뒤집어 놓아라."

일본 귀족이 한국에 온다는 것이지 이상재의 집에 온다는 것이 아님을 알면서도 그는 이런 식으로 맞장구를 쳐 파출소 소장의 얼을 빼놓았다. 그러자 소장은 머쓱해져서 더 이상 아무 말도 않고 그냥 가 버리고 말았다. 이것이 이상재가 그 시절 그 상황에서 일본 사람을 대하던 태도였다.

널리 알려진 일화로는 이런 이야기도 있다.

통감부 시절에 조선 미술 협회가 창립되면서 발기 대회를 열었다. 이 발기 대회에 이토 히로부미 같은 일본 고급 관리가 참석하였는데 이완용, 송병준 따위의 매국노도 자리를 차지하고 앉아 있었다. 이상재는 이들과 얼굴을 마주하게 되자 불쑥 말을 던졌다.

"대감네들은 동경으로 이사나 가시지요?"

"영감, 그게 무슨 말씀이신지요?"

그러자 이상재는 기다렸다는 듯이 이렇게 쏘아붙였다.

"대감네들은 나라 망치는 데 선수가 아니십니까? 그러니 일본으로 이사 가시면 일본도 망할 것 아닙니까?"

스스로 목숨을 끊은 애국지사들이 도적이라고 평한 '적신'이긴 하지만 그들의 면전에서 감히 이런 말을 거리낌없이 할 수 있었던 사람은 그 시절 이상재밖에 없었다.

하루는 사람들이 모여 앉아 이야기를 나누는 자리에서 어떤 사람은 "김상, 박상(김씨, 박씨를 일본식으로 부름)"이라 하고 어떤 사람은 "미스터 김, 미스터 박"이라 하는 것을 듣고 있다가 느닷없이 이상재가 말문을 열었다.

"요즘 세상엔 '상놈'도 많고 '미친놈'도 참 많구나."

이상재는 일본식으로 '김상, 박상' 하고 부르는 것을 '상놈'으로, 미국식으로 부르는 것을 '미쳤다 김, 미쳤다 박'에 비유하여 하는 것이 듣기 거북하다고 비꼬았던 것이다. 이 말을 얼른 알아듣지 못한 사람들이 눈을 크게 뜨고 한참 생각해 보다가 말뜻을 알아차리고는 크게 웃고 말았다. 그러나 웃으면서도 가슴이 죄었으리라.

한일 합방 뒤에 이상재가 일본 시찰단에 끼어 일본에 갔을 때의 일이다. 시찰단은 감리교에서 18명, 장로교에서 11명 모두 29명으로 구성되어 서울 YMCA 일본인 총무의 인솔로 가게 되었다.

일본 군수 공장을 둘러보고 나서 그날 저녁 만찬의 자리에 나갔는데, 둘러본 것에 대한 소감을 말하는 순서가 되었다. 이상재는 벌떡 일어나 이렇게 말했다.

"동양에서 제일 큰 병기창을 구경하니 과연 동양에서 제일 가는 강대국임을 알겠소. 그런데 성서에 이르기를 칼로써 일어난 자는 반드시 칼로써 망한다는 구절이 있으니 그것이 자못 걱정이오."

이 한마디는 정확히 35년 뒤를 미리 내다 보고 말한 예언인 셈이었다. 1945년 일본은 태평양 전쟁에서 지고 말았다.

그렇다면 이상재는 YMCA에서 일하는 동안 그는 어디서 먹고 자고 일하였을까? 기록에 따르면 일정한 거처가 없어서 한 달에 몇 번씩 이곳 저곳으로 옮겨 다니며 지냈다고 한다. 그의 이런 형편을 나중에서야 알게 된 YMCA는 다른 몇몇 사회단체와 의논하여, 서울 재동에다 전셋집을 얻어 기거하도록 했다. 예상대로 이상재는 처음에 사양하였으나 남의 성의를 그렇게 무시할 수 있느냐는 말까지 듣고 재동 집으로 들어갔다.

이상재는 땔감이 없어 냉골에서 지내다 감기에 걸리기도 하였다. YMCA에서 함께 일하던 김규식이 문병을 왔다가 이런저런 이야기를 나누었다.

그는 이상재에게 이렇게 말하며 돈 봉투를 내놓았다.

"방이 이토록 냉골이니 이 돈으로 땔감을 좀 사서 불을 때고 지내시지요."

김규식은 그가 돈을 안 받을 것이라 생각했는데 뜻밖에도 얼른 받아 이부자리 밑에 넣는 것을 보고 조금 놀랐다.

잠시후에 일본으로 유학을 가게 되었노라고 인사를 하러 손님이 찾아왔다. 이상재는 이부자리 밑에 넣어 두었던 돈 봉투를 유학을 가는 손님에게 그대로 건네주면서 학비에 쓰라고 했다.

"그 돈을 몽땅 주어 버리면 땔감은 무슨 돈으로 사시겠습니까?"

그것을 본 김규식이 묻자 이상재는 이렇게 대답하고 마는 것이었다.

"누군가 내 사정을 아는 사람이 또 주겠지."

또 다른 이야기도 있다.

이상재의 둘째 아들 승인이 1905년에 감옥에서 풀려난 뒤 고종

황제의 특별한 주선으로 수안의 군수가 되었다. 군수로 있는 동안 절약하여 목돈을 만들고, 이 돈으로 논 50두락을 사들였다. 아버지의 노후 살림을 위해 아들이 대책을 마련한 것이었다.

그러나 이상재는 이 말을 전해 듣고 득달같이 달려가 아들에게 호통을 쳤다.

"우리 집안에 전답이 있다니……. 이게 웬 말이냐 당장 팔아라!"

이렇게 이상재는 평생 돈이나 사유재산에 대해 도무지 마음을 두지 않고 살았다. 탐관 오리들의 악행을 익히 경험했던 그는 일생

청렴을 실천하며 산 것이다.

1913년의 일이다.

총독부 내무국장 자리에 있는 무사미라는 일본 관리가 이상재를 만나자고 했다. 이상재가 우사미를 찾아가자 그는 불쑥 돈 4만 원을 내밀면서 낙향을 제의했다.

"이 돈으로 고향에 가서서 편히 여생을 즐기십시오. 왜 경성에서 이런 고생을 하십니까? 그 나이에……."

이상재는 대뜸 이렇게 대꾸하고 그곳을 나와 버렸다.
"이 돈으로 고향에 땅을 사라는 것이오, 아니면 나더러 이 자리에서 죽으라는 말이오? 나는 이런 식으로 살려고 태어난 사람이 아니오!"

13. 민족 의식과 실력을 키우는 청년 교육 활동

　일본 통감부는 은밀한 사찰을 통해 이상재가 이끄는 서울 YMCA가 젊은이들의 민족 의식을 일깨우고 서양 사람들과 가까이 어울리면서 일본 식민 시책을 비판하는 것을 아주 못마땅하게 여겼다.

　1913년 6월에 열린 조선 중앙 YMCA 총회는 통감부의 계략대로 쑥밭이 되었고 YMCA에서 일하던 서양 선교사들도 물러나고 말았다. 이런 분위기에서 이상재가 조선 중앙 YMCA의 총무를 맡고 나섰다. 그때 이상재의 나이 이미 64세였다.

　1904년 55세 때 YMCA에 회원으로 가입한 뒤 10년 동안 젊은이에게 세계를 보는 눈을 기르라고 가르쳐 온 이상재. 마침내 그가 조선 중앙 YMCA의 새로운 선장이 되어 눈빛을 형형하게 밝혔다.

　조선 중앙 YMCA는 매년 여름 '하령회'라는 청소년 신앙 모임을 열어서 YMCA의 기반이 전국 조직으로 넓어질 수 있도록 추진했다. 1912년부터 1만 원씩 나오던 정부의 보조금이 끊기고 창설 때부터 한국 사람 편을 들어준 질레트 총무가 국외로 추방 당했지만, 이상재는 YMCA를 맡아 전국으로 청년 운동을 넓히기 위한 전국 조직망 사업을 펼쳤다. 이 일은 추천할 때 지방 청년들이 전국 규모의 농촌 운동을 이끌게 하였으며, 또 지방 청년회가 여러 지역의 교계 중진들을 맞아들여 민족 운동의 일꾼을 흡수하도록 했다. 이상재가 만민 공동회를 시민 운동으로 발전시키고 아울러 사회 운동가로서의 실력을 발휘하고 실천했던 것들이 밑거름이 되었다. 세상이 바뀌고 국제 정세가 변하는데 우리나라의 청년들이 이 흐름에 따르자면 조직 운동을 펴서 이에 참여하도록 이끌어야 한다는 생각을 실천에 옮긴 것이다.

우리 신 청년이여, 심(心)을 신(新)하며 언(言)을 신하며 행(行)을 신하며 사조(思潮)를 신하며 정신(精神)을 신하며 용감을 신하며 신갑자(新甲子) 신세계(新世界)를 어서 조성할지어다. 다시 한마디로 이르노니 요한계시록 21장 1절로 8절까지 일독할진저……

이상재는 "우리 새 청년이여 마음을 새롭게 하며 말을 새롭게 하며 행동을 새롭게 하며 사조를 새롭게 하여……"라는 말을 강조했다. 이것은 비폭력의 방식을 통한 전면적인 저항을 의미한 것으로, 3·1 운동의 무저항주의에 기초가 되었다.

그러나 조직의 확대가 중단되는 사건이 생겼다. 1914년 제1차 세계 대전이 터진 것이다. 이를 빌미로 일본은 조그만 꼬투리도 크게 부풀려서 YMCA 회원을 잡아다 괴롭히곤 하였다.

이렇게 되니 YMCA 활동을 식민 시책 비판에서 생활 교육으로 바꿔서 운영할 수밖에 없게 되었다. 이 시절 YMCA 학관에 교사로 와 있던 스나이더(L. Snyder)라는 서양 사람이 쓴 보고서에 이상재의 YMCA 활동 내용이 다음과 같이 기술되어 있다.

내가 서울 YMCA의 사업 내용을 보니 큰 소망과 감격을 금할 길 없다. 알다시피 1913년이라는 한 해 동안 이곳은 참으로 살벌한 분위기였고 우리는 그 속에서 지내야 했다. 그리고 이런 분위기가 그 절정에 이른 것이 6월 정기 총회였다. 그러나 서울 YMCA는 마침내 돌파구를 찾아 빠져나가게 되었으니, 그것은 YMCA가 지난해에 넘겨 받은 수천 원에 이르는 이월금을 가지고 공업부 사업을 강화한 사실이다. 지금 YMCA에서는 선생이나 학생이나 다 함께 자기들의 개인 사업을 해 나가듯이 온 힘을 쏟고 있다. 예를 들면 YMCA가 직접 주문을 받아서 학교, 병원, 회사, 가정에다 가구를 만들어 팔고 있으며, 풍금이나 기계를 수리해 주는 일에도 열심이고, 구두 제품을 배달하여 주는 일, 인쇄, 출판, 사진촬영이나 사진현상, 슬라이드 제작 같은 일에도 성심과 성의를 다하고 있다. 이런 작업은 청소년으로 하여금 선량한 기독교 시민이 되게 하는 방법으로 아주 효과가 크며 신축하는 공업부 건물 공사에서는 선생과 학생이 직접 파이프 배관 공사나 전기시설 공사까지 하고 있는 것을 볼 수 있다.

　이 보고서는 당시 YMCA의 야학과 청소년 직업 교육의 열기를 잘 보여 주고 있다.
　이상재는 YMCA에서 일하는 동안 우리나라 시민 운동의 틀을 마련했다. 시민 운동은 개화 운동인 만민 공동회를 정치 모임이 아니라 문화 모임의 성격으로 변형시킨 것이었다.
　구체적인 활동은 음악회와 환등회의 개최였다. 음악회를 자주

열어 1906년 첼리스트인 그레그가 우리나라에 들어오면서 본격적으로 보급된 양악, 즉 서양 음악을 널리 알리는 기회를 마련하였다. 또한 박서양과 김인식이 YMCA 학관에 선생으로 들어와 1908년부터 새로 건립된 회관 강당에서 자주 음악회를 열고 음악을 알리는 데 더욱 힘썼다. 홍난파가 음악 천재 소리를 들은 것도 이 학관에 다닐 때였다.

또한 환등회는 영화를 돌리는 영사기가 우리나라에 들어오기 전, 전깃불을 이용해 필름을 스크린에 비쳐 움직이지 않는 영화를 보여 주는 행사였다. 이 행사의 개최와 더불어 1910년부터 청년회관에 사진과를 신설하고 사진 기사를 길러 냈는데, 한국 영화 산업 발전의 토대를 닦은 민충식(2회 졸업생)이 바로 그런 인물 가운데 한 사람이었다.

이 밖에도 정구영, 안재홍 같은 학관 학생들이 '만민공법(萬民公法)은 불여대포일문(不如大包一門)'이라는 제목으로 토론회를 마련하고 학술 모임을 열었다. 이 말은 대포 한 대에 못지않은 만민공법을 알아야 한다는 뜻이었다.

이상재는 이렇듯 일본의 무단정치에 정면으로 맞서지 아니하고, 젊은이들이 실력을 키우도록 가르치고 민족 의식을 불러일으키는 산 교육에 힘을 쏟았다. 그러면서도 여러 크고 작은 모임이 열리면 그 모임을 이끌어 가는 사회를 도맡다시피 하였다. 사회자는 말솜씨가 능숙할 뿐 아니라 해학과 유머가 풍부해야 하는데, 그 시절 이런 일에 이상재를 따를 사람이 없었기 때문이다.

한번은 YMCA 청년회에서 대중 집회를 열었는데, 모임 장소에 가 보니 정복 차림과 사복 차림의 형사와 순사들이 먼저 와서 자리를 차지하고 있었다. 이상재는 단 위에 올라가자마자 창을 통하여 먼 곳에다 눈길을 주면서 이렇게 말했다.

"여러분 이토록 많이 참석해 주서서 감사합니다. 그런데 때 아닌 개나리꽃이 만발하니 이게 웬일입니까?"

그의 능청스런 유머에 청중들은 까르르 웃음을 터뜨렸다. 웃음을 터뜨린 까닭은 그 말이 형사와 순사들이 왜 이렇게 많이 와 있느냐는 뜻임을 알기 때문이었다. 그때 형사는 '개'로 통했고 '나리'는 순사를 가리키는 말이었다. 그러자 자기네를 욕하는 줄 알아차린 형사와 순사들이 슬그머니 자리를 떴다.

이런 일도 있었다. 친구 가운데 한 사람이 회갑을 맞아 잔치를 벌인다며 자기 아들을 보내면서 인력거를 타고 오도록 청했다. 대문을 나선 이상재는 인력거가 있는 것을 보았다.
"이 사람아, 내가 왜 남에게 끌려 다녀? 내 발로 걸어서 가지."
그는 인력거를 빈 채로 돌려보내고 끝내 걸어갔다.
인력거꾼은 땀 흘려 끌고 가는데 자신은 편안히 앉아 가는 것이 못마땅할 뿐 아니라 조선 사람이 일본 사람에게 끌려다니는 것이 한심스러워 그렇게 말했던 것이다.
'105인 사건'으로 감옥살이를 하던 윤치호가 6년형의 징역을 살다가 특사로 풀려나자 이 자리에서 이상재가 윤치호에게 한 환영사는 다음과 같았다.

경거 망동은 우리에게 아무런 이익을 주지 못한다. 조선을 구제할 자는 오직 힘이니 힘이라는 것은 청년들이 도덕적으로 수양함에서 나오는 것이고, 교육과 산업을 위하여 꾸준히 노력함에서 나온다.

이 환영사의 한 구절은 그때 이상재가 품고 있던 가슴 속의 생각을 아주 잘 드러내는 말이다. 그것은 힘을 기르지 않고서는 나라를 다시 일으킬 수 없다는 것이다.
이후 64세의 이상재는 53세의 윤치호에게 서울 YMCA의 총무 직책을 넘겼다. 이때가 1916년 5월이었다.

총무 직책에서 벗어난 이상재는 여러 종교 단체들의 단합을 추진하며 불교 청년회, 천도교 청년회까지 함께 하는 종교 단체 친목회를 조직했다. 그리고 이 큰 조직체를 통해 사람들에게 민족 의식을 심어 주어 자주 독립의 기반을 넓히고자 했다.

이상재는 이처럼 근본주의자, 비폭력주의자, 그리고 민권론자로서 자기 입장과 철학을 분명히 하고 일본의 압박 아래 있는 조선 사회를 바꾸는 데 YMCA 운동의 목표를 두었으며, 그 방법으로 사회를 조직하는 조직 운동을 택하였다. 이 조직 운동의 핵은 어디까지나 교육이다. 군사나 경제 대신에 교육을 조직의 동기로 삼아서 조직을 전국으로 번져 나가게 했다. 전국으로 그물코처럼 망(網)을 짜나가 모든 청년 지도자들을 한데 아우르는 역할을 했다.

이런 운동은 뒷날 조선일보사 사장으로 일하면서 신문사 지국과 지사를 통해서도 벌였으며, 우리나라 최초의 좌우 합작 단체인 신간회 조직 운동에도 그대로 적용하였다.

이상재가 황성 기독교 청년회에서 활동한 무렵 교회로부터 좋지 않은 말을 듣기도 했다. 그 까닭은 "조상에게 올리는 제사는 유일신 사상에 위배되지 않는다"는 선각자다운 말을 하였기 때문이다.

예수는 서양 사람의 예수도 아니요, 또한 동양 사람의 예수도 아니요, 온 세계의 예수시라. ……이 시대에 있어서 일반 예수교 신자

들은 깊이 생각하여 "나는 예수를 믿으니까 부모의 제사를 지낼 수 없다"라는 편벽된 생각을 가지고 집안에서 내쫓기는 자식이 되는 것은 애석한 일이다.

부모 제사에 대해 이상재가 이렇게 말하자 《동아일보》는 '제사와 우상 숭배, 조선의 제사는 일신사상(一神思想)에 위반되지 아니한다' 는 제목으로 보도했다. 그러자 여러 교회가 나서서 이상재를 못마땅히 여겨 그에 맞서기도 하였다.

이상재는 다른 사람들에게 '사회(社會) 동포(同胞) 세계(世界) 일가(一家)' 라는 붓글씨를 즐겨 써 주곤했다. 이것은 누구보다도 그 시대를 세계인의 모습으로 살고자 한 이상재의 마음의 바탕을 엿볼 수 있는 이야기이다.

뒷날 《동아일보》는 이상재에 대해 이렇게 썼다.

그는 진실 정대한 조선 사람이었다. 조선 사람의 마음에서만 월남(이상재의 호)이 있을 것이요, 조선 사람의 마음 밖에서는 월남을 찾지 못하리라.

14. 3·1 운동과 민족 자결주의의 좌절

    1918년 11월 유럽에서 독일 황제가 제1차 세계 대전의 휴전 조약에 서명을 하였다. 제1차 세계 대전이 연합군의 승리로 마무리되자 폴란드와 체코슬로바키아 같은 작은 나라의 10여 개 민족이 독립한다는 소식이 우리나라에까지 들려왔다. 미국에 건너가 있던 재미 교포들이 이승만, 민찬호, 정한경을 민족 대표로 뽑아 파리에서 열리는 강화 회의에 보내기로 결정했다는 소식이 일본에 가 있는 유학생을 통해 나라 안에까지 전해졌다.

    그때 일본 도쿄에서 발행된 《아사히 신문》을 통해 일본의 유학생들이 3·1 운동보다 앞선 2·8 독립선언을 준비한 사실이 알려지게 되었다. 이 학생들 가운데 조선 중앙 YMCA 회원들이 다수 포함되어 있었다.

    이런 때 고종 황제가 세상을 뜨자 국장을 치르게 되었다. 이를 계기로 일제에 눌려 살아온 백성들이 들고일어나니 이것이 바로 기미년 1919년의 3·1 운동이다.

    일본은 뜻밖에도 조선 반도에서 비폭력 저항 운동이 전국적으로 퍼지는 것을 보고 놀라 민족 의식을 키워온 단체의 책임자들과 나라 사랑을 가르쳤던 지도자들을 잡아들였다.

이때 민족 운동을 가르쳐 온 이상재도 잡혔다. 일본 검사가 이상재와 마주앉아 심문하였다.

"이 소란은 누가 먼저 시작했는가?"

"이천만 민족이 다 같이 시작한 것이다."

"아니, 더 구체적으로 답변하라."

"하느님의 지시로 시작했다."

"당신이 시작한 것이 아닌가?"

"나도 했다."

"누가 연루되어 있는지 불어라"

"연루자를 대라고? 독립운동은 혼자 하는 것이지 연루자가 있을 리 없다."

"무슨 흑막이 있지 않은가?"

"흑막이라고? 나는 백막으로 했지 흑막은 없다. 2만 명이나 되는 경찰과 형사들이 전국에 거미줄처럼 퍼져 있으면서 너희가 그것을 몰랐다는 것이 무슨 소리냐? 거기에 흑막이 있다 하니……!"

"문제가 커지니까 책임을 피하려고 그런 말을 하는 것 아닌가?"

이상재는 묻고 또 묻는 심문에 이렇게 대답했다.

3·1 운동은 첫째, 하늘의 뜻으로 일어났고, 둘째, 2천만 백성의

민심으로 퍼졌으며, 셋째, 독립운동의 독(獨)이라는 한자 뜻대로 각자의 양심에 따라 행한 것일 뿐이다. 너희들 치하에서 10년을 살아본 조선 백성들이 이를 깨닫고 하늘의 뜻에 따라 행동한 것이다.

이상재는 기소되었다.

하루는 재판관이 이상재를 불러 세웠다.

"나가고 싶소?"

"나가라면 나가고 있으라면 있겠다."

"그러면 보석금을 낼 수 있소? 석방해 줄 테니 돈 300원을 낼 수 있겠소?"

"나처럼 가난한 이에게 무슨 돈이 있겠는가? 내겐 돈이라고는 한 푼도 없다."

"그대는 윤치호와 친하니 그에게서 보석금 300원을 구해 봄이 어떻겠소?"

"내 몸 하나 편하자고 남에게 돈을 구걸하라고? 그런 무례한 짓은 못하겠다."

결국 재판관은 이상재 몰래 윤치호에게 300원을 받고 이상재를 풀어 주었다. 이상재는 6개월 만에 보석으로 풀려 났다.

이상재가 풀려 나와 거리를 걷다가 한 청년을 만났다. 청년은 이상재에게 다가가 인사를 하면서 물었다.

"선생님 옥중에서 얼마나 고생하셨습니까?"

그러자 이상재는 청년에게 이렇게 되물었다.

"그럼 자네는 지금 호강하고 있는가?"

이상재의 말은 우리 2천만 동포는 지금 옥 안에서나 옥 밖에서나 누구를 막론하고 다 고생하고 있다는 뜻이었다.

　기미년의 3·1 운동은 엄청난 대가를 치렀다. 적잖은 사람이 죽고 다치고 또 감옥에 갇혔다. 이들의 수는 그때 조선 총독부가 발표한 것과 일본에서 발행한 신문에 나온 것이 각각 다르다. 일본 신문에는 조선 총독부가 발표한 것보다 더 많은 사람이 죽은 것으로 실렸다.

　일본의 신문들은 3·1 운동을 보도하면서 일본 정부를 공격했다. 조선에 가서 어떻게 하였길래 조선 백성들이 그토록 들고 일어났는가, 식민 통치를 하려면 좀 제대로 하라며 일본 정부를 다그쳤다. 뿐만 아니라 일본의 의회까지도 일본 정부를 나무랐다. 얼마나 몹쓸 짓을 저질렀기에 그렇게 되었느냐고 성토했다. 거기에서 끝나지 않았다. 국제 연맹이 일본에 대해 너희가 미개한 조선을 일깨운다더니 어찌된 일이냐고 힐난하기에 이르렀다.

이에 일본은 육군 대장 출신의 총독을 해군 대장 출신의 사이토 총독으로 즉각 갈아치우고 무단 정치를 걷었다. 이 때, 부산에서 기차를 타고 서울에 도착하여 총독부로 가던 사이토 총독에게 강우규 의사가 폭탄을 던졌으나 사이토는 죽지 않았다.

사이토 총독이 무단 정치 대신에 문화 정치를 펴겠다고 조선 백성에게 약속했다. 분노한 백성의 마음을 달래 볼 속셈이었던 것이다. 문화 정책이 시행되자 우리나라 말로 발행되는 일간 신문 《조선일보》와 《동아일보》가 나오게 되었다.

한편, 미국의 윌슨 대통령이 '민족 자결주의'라는 원칙을 선포하여 세계의 작은 민족들이 독립의 희망을 갖게 되었다. 민족 자결주의의 내용은, 모든 민족은 그들 스스로 자기 운명을 결정하는 것이 원칙이며 미국은 이를 지지하며 뒷받침하겠다는 것이었다.

이 원칙을 세계에 선포한 뒤 미국은 세계 약소 민족들이 어떻게 지내고 있는가를 살피기 위해 상원과 하원에서 대표를 뽑아 극동 지역에 보냈다.

이듬해인 1920년 8월 여름 휴가철에 미국의 국회의원들이 우리나라에 오기로 했다. 그러나 이들은 우리나라에 공식적으로 방문하는 것이 아니었다. 가족을 데리고 휴가 기간 동안 동양을 둘러보고 온다는 명목으로 먼저 중국으로 갔다.

중국에서 독립운동을 펴고 있던 임시 정부 요인들이 이들과 만나 우리나라의 실정을 알리려 노력했고, 국내에 있던 도산 안창호는 이들과 만나기 위해 필리핀으로 가서 기다리기도 했다.

일본은 이를 아주 못마땅히 여겼다. 일본은 《조선일보》의 사설에 '자연의 화(化)'라는 제목으로 "이들을 맞아서 자세한 상황을 알리자. … 바깥에서 손님이 오면 따뜻하게 맞이하는 일은 지극히 자연스러운 것인데 이를 마다하는 처사는 타당치 않다"라는 기사가 실리자, 즉각 신문을 빼앗고 발행을 중지시킬 정도로 날카롭게 굴었다.

서울의 중앙 YMCA도 환영회를 조직하고 미국 의원들의 환영 모임을 열기로 했다.

일본은 미국의 의원들과 우리나라 사람들이 만나는 기회를 막기 위해 세심한 것까지 감시하고 간섭했다. 일본은 중국 상하이에서 기차로 베이징에 들어가 중국에서 일을 마치고 만주를 거쳐 우리나라에 들어오기로 되어 있는 그들의 일정을 미리 보고, 우리나라 사람들과 만나는 기회를 일정에 넣지 않았다.

의원 시찰단의 일정은 우리나라에 들어와 조선 호텔에서 여장을 풀고 이튿날 총독부 관서를 돌아보고 시내 관광을 한 뒤 그 날 저

녁으로 떠나도록 되어 있었다. 그러나 YMCA에서는 8월 25일 아침에 환영회를 열어 그들과 만나도록 비밀리에 일을 서둘렀다. 한복을 입은 이상재와 신흥우가 이른 새벽 조선 호텔로 가서 YMCA가 마련한 환영회에 와 줄 것을 알렸다. 그들은 그렇게 하겠다고 했다. 이 소식은 금방 퍼져 나갔다.

잠시 후 미국 의원들과 그 가족들이 묵고 있는 조선 호텔에서 한 장의 쪽지가 YMCA에 전달되었다.

'사정이 생겨서 오후 3시에 가려던 계획을 취소하지 않을 수 없게 되었다. 미안하다.'

그 쪽지를 받은 YMCA 사람들은 실망하고 맥이 빠져 있었다. 그런데 뜻밖에도 캘리포니아 주 출신의 하원 의원인 헐스만(H. S. Hersman) 의원이 혼자서 자동차에 미국 국기를 달고 YMCA에 나타났다. 모임이 취소되었다고 해서 모였던 사람이 다 흩어졌는데 헐스만 의원이 나타나자 길 가던 사람들까지 다시 몰려들었다.

헐스만 의원이 그 곳에서 강연을 하고 윤치호가 사회와 통역을 맡았다. 그 뒤에 이상재가 단상에 올라가 답사를 했다.

"우리가 미국을 친애하는 것은 그 나라가 부자 나라이거나 강한 나라이기 때문이 아닙니다. 오직 하느님의 뜻을 받들어서 정의와 인도를 사랑하는 나라이기 때문입니다."

이러는 동안 종로 경찰서 서장이 경찰들을 이끌고 강당으로 들이닥쳐 아수라장을 만들었다. 그러나 헐스만이 "만일 조선 사람을 내보내지 않으면 나도 가지 않겠소"라고 버티자 포위를 풀었다. 이 사건은 《동아일보》 1920년 8월 26일자에 자세히 보도되어 있다.

헐스만 의원은 미국으로 돌아가서 '조선은 개와 같은 대접을 받고 있다(Korea treated as dogs)'라는 제목의 기사와 사진을 실어 우리나라의 사정을 상세히 알렸다. 하지만 미국 국회의원들이 이틀 동안 묵으며 보고 간 내용으로 미국 정책을 바꿔 놓지는 못했다. 이들이 우리나라를 공식 방문한 것이 아니라, 휴가철에 가족을 데리고 다녀가도록 한 것부터 적극적인 외교 자세라고 할 수 없었다.

미국 의원들이 귀국하여 써낸 보고서에는 상하이에서 기차를 타고 베이징에 도착하기까지 차창을 통해 바라본 아주 가난하게 사는 중국 사람들의 모습에 대한 기록이 있었는데, 여기에는 '이들이 중국이라는 나라를 제대로 일으키기엔 아직도 멀었다'라는 구절이 여러 곳 나왔다. 결국 미국은 더 이상 중국에 관심을 나타내지 않게 되었으며 일본은 마음 놓고 중국을 넘보게 되었다. 하물며 한국의 사정은 어떠했겠는가.

이리하여 윌슨의 민족 자결주의 원칙은 우리나라에서 물거품이 되어 버리고, 우리나라는 일본의 그늘에 가린 채 잊혀진 나라가 되었다.

이상재나 안창호가 백성이 깨어나야 한다고 목에 힘주어 그토록 외치고 다녔건만 백성은 미처 그것을 깨닫지 못했던 것이다. 이상재가 아무리 선각자 노릇을 하려 했지만 주변 환경이 이에 따르지 못하였으므로 그는 언제나 외로울 수밖에 없었다.

15. 조선일보와 신간회를 이끌면서

　1922년 4월에 닷새에 걸쳐 '만국 기독교 학생 동맹대회'가 열렸다. 이는 제1차 세계 기독교 학생 대표자 모임이었다. 이상재가 이 모임에 참석하기 위해 6명의 참석 위원들과 함께 베이징으로 떠났다. 그는 베이징 교외에 있는 칭화(淸華) 대학에서 30여 개국 대표 700명과 어울리게 되었다.

　그런데 대회가 끝날 즈음, 상하이에 있는 우리나라 임시 정부에서 이상재를 찾아와 이렇게 간청했다.

　"선생님, 귀국하지 말고 상하이에 가서 임시 정부에 생긴 문제들을 해결해 주십시오."

　그러나 이상재는 이렇게 대답하며 정중히 거절하였다.

　"나까지 조국을 빠져 나가고 나면, 국내에 남아 있는 사람들이 너무 불쌍하지 않소?"

　다른 사람들이 나라 밖으로 나가 조국을 다시 일으키려고 애쓰는 동안 이상재는 나라 안에서 백성들을 일깨우고자 노력하였다. 그리하여 '조선 교육협회'를 창립하니, 그때가 1921년이었다. 물론 이상재가 그 회장 자리에 앉았다.

　YMCA는 '국채 보상 운동'을 벌이기도 했다. 일본은 한국을 식민지로 만들기 위해 가져다 쓴 돈이 한국의 빚이라고 우겨 댔다. 이 돈을 갚아야 우리나라가 자유로워질 수 있다고 했다. 그리하여 빚을 갚기 위해 전국적으로 돈을 모으기 시작했다. 이에 따라 국산품을 쓰고 남자는 두루마기, 여자는 치마저고리를 입자는 자작(스스로 만들고), 자급(스스로 공급하는) 운동이 뒤따랐다. 그러나 나라가 일본에 속해 버려 하나의 나라가 되었으므로 빚을 갚을 이유가 없게 되었다는 주장이 새롭게 나왔다.

　"백성들이 나라를 위해서 나라 사랑의 마음으로 한 푼 두 푼 모은 정성의 돈이니 이 돈을 헛되이 쓰지 말고 차라리 백성의 힘으로 대학을 하나 세우자!"

　이상재는 그런 취지로 민립 대학 세우기에 앞장섰다. YMCA가 1910년 이후 벌여 온 대학 세우기 운동에 이상재가 앞장서서 적극적으로 참여했던 것이다. 그러나 일본 총독부는 이 돈이 민족 교육에 쓰이게 될 것을 우려해 압수해 버렸으며, 대학 세우기는 주춤한 상태가 되었다.

　그러다 1919년 3·1 운동 이후 백성들이 다시 대학 세우기 운동을 벌이게 되고 《조선일보》, 《동아일보》 같은 신문에도 우리나라에 대학이 있어야 한다는 기사가 실리자, 1922년 11월 마침내 조선 교육 협회에서 조선 민립대학 기성회가 발족되었다. 이상재가 이

기성회의 대표로 나섰다. 그리고 이듬해 3월 30일 YMCA에서 '조선 민립대학 기성회 발기 총회'가 열렸다.

민립대학 세우기 운동은 3단계 설립 계획을 마련하여 100곳이 넘는 곳에서 그때 돈 1천만 원을 모금하는 것부터 시작했다. 못 배워서 무지한 탓에 나라를 잃었다는 자책감이 대학 세우기 운동으로 이어져 모금 운동이 열렬히 번져 나갔다.

이를 눈치 챈 일본이 1923년 서둘러 대학을 세우기로 나서니 이른바 경성제국대학 설립을 공포했다. 그리고 1924년 예과 학생을 모집하기에 이르렀다. 이러한 움직임 탓에 조선 민립대학은 성사되지 않았다. 그러나 대신 그 돈은 고려대학교의 전신인 보성전문학교에 전달되었다.

이상재는 민립대학 설립이 불가능해지자 대신 창문사라는 출판사를 만들었다. 그는 기독교 서회가 찍어 내는 교회 문서 외의 종교서적 출판을 통해 민립대학 대신 기독교 종합대학의 꿈을 실현하려 했던 것이다.

또한, 이상재는 1923년 조선 중앙 기독교 청년회의 일선에서 물러나 고문으로 앉으면서 소년 척후단(Boy's scouts)의 총연맹을 묶어 총재가 되었다. 이렇듯 그는 그때의 여러 단체들에서 총재, 회장, 고문의 직함으로 불리며 사회 지도자로 인정받았다. 이미 그의 나이 70대 중반이었음에도 사회 지도자로서 활약하며 존경을 받았던 것이다.

이상재는 '새 시대에 응하여'라는 강연 제목으로 지방을 돌아다니면서 강연을 하였다. 그는 그때마다 소리 높여 외쳤다.

"조선 사람은 지난날 도덕과 정치가 썩었기 때문에 시기와 질투가 많았다. 예수는 남을 위하여 자기 목숨을 바쳤으니 그것을 배워서 시기심을 없애야 한다."

나이가 일흔이 넘은 그였지만 여기저기 지방 강연을 다니면서 학생들, 청년들과 한데 어울려 막걸리를 나눠 마시고 함께 장난을 하기도 하며 젊은 사고를 유지했다.

이 밖에도 이상재는 농촌 계몽 운동을 벌였다. YMCA를 통해서 덴마크의 농사짓는 법을 알려 주고, 또 우리나라 농촌에 서로 도울 수 있는 협동조합을 들여오는 데 힘썼다. 이를 '자력 갱생 운동'이라고 하는데, 일본 총독부는 농민들의 의식이 깨어나는 것에 겁먹고 이 운동을 방해하였다. 그러나 이상재는 그럴수록 농촌 순방에 열을 올렸다.

1924년 9월 이상재는 조선일보사 사장이 되었다. 그때 그의 나이 75세였다.

원래《조선일보》는 1920년 3월 5일에 창간되었으나 1924년에 이르기까지 자리를 제대로 잡지 못하고 있었다. 신문사의 간부들은 친일이었고, 직접 신문을 만드는 기자들은 배일이었으니 맷돌의 위아래처럼 서로 맞물려 돌아가지 못했던 것이다. 그런 이유로 발행인이 몇 번씩 바뀔 수밖에 없었다. 그러다 마침내 친일파 송병준에게《조선일보》의 발행권이 넘어가 버렸다. 마침 동아일보사에서 신문을 만들던 이상협이 같은 신문사의 송진우와 의견이 맞지 않아 회사를 그만두고 나오게 되었다. 이상협은 이후 신석우, 최선익과 손을 잡고 돈 8만 원을 만들어 이 돈을 송병준에게 주고《조선일보》의 신문 판권을 다시 사들였다.

이상협, 신석우, 최선익은《조선일보》를 새로운 신문으로 만들기 위하여 일본 쪽으로 기울었던 신문의 인상을 말끔히 지우고 독자의 신뢰를 받는 새로운 신문을 만들기 위해 인격과 행실에서 존경받는 사회 지도자를 사장으로 모셔 와야 한다는 데 의견을 모았다. 이리하여 이상재가 사장이 되었다.

이상재는 '동아일보사와 싸우지 않는다' 는 조건으로 사장 자리를 수락했다. 동아일보사와 합심하면 민족을 바로 세울 수 있다고 생각했기 때문이다.

이상재는 수표동에 있는 조선일보사 사옥에서 사장 일을 시작하나 이듬해 10월 견지동에다 새 사옥을 올렸다. 그리고 친일적 성향을 가졌던《조선일보》를 민족 진영으로 돌리는 데 힘썼다.

이상재는 그의 유머 감각에 맞게《조선일보》1924년 10월 24일 자부터 우리나라에서는 처음으로 네 칸짜리 연재만화 '멍텅구리' 를 실었다. 그리고 우리나라 최초의 조석간 6쪽 신문을 냈다. 또 우리나라 최초의 여기자 최은희를 채용하여 신문에 '부인란' 을 크게 넓히고 여성에 관한 행사를 신문사가 주최하도록 이끌었다.

　이상재는 사장으로 들어와 지면만 바꾼 것이 아니라 그때 사회주의와 민족주의로 갈라져 있던 지식인들을 한데 어울리도록 하는 데도 힘을 썼다.

　시대가 변하고 국제 정세가 국내에까지 영향을 미치는 마당에 고지식한 민족주의만으로는 만족할 수 없었던 지식인에게 평등을 내건 사회주의는 매력적인 것이 아닐 수 없었다. 이런 사상의 흐름 속에서 사회주의 쪽으로 기우는 청년 지식인들이 늘어났다. 신문 기자들도 민족주의자와 사회주의자로 나뉘어 있었는데, 특히 조선일보사의 기자들이 아주 심했다.

1925년 4월 15일 서울 천도교 회당에서 463명이 참가한 가운데 제1차 조선 기자 대회가 열렸다. 조선일보 사원이 200명 넘게 참석한 이 대회에서 이상재가 대회장으로 뽑혔다. 대회는 사흘이나 계속되었다. "죽어 가는 조선을 붓으로 그려 보자", "거듭나는 조선을 붓으로 색칠하자"는 구호를 내걸고 기자 모임이 열렸지만 모임이 순조롭게 진행된 것은 아니었다.

대회 사흘째 되는 4월 17일, '아서원'이라는 음식점에서 조선 공산당 결성대회가 비밀스럽게 열려서 참석 기자들 일부가 그 쪽으로 빠져나갔다. 그러는 바람에 장내가 시끄러워졌고 또 한쪽에서는 일본 경찰의 관심을 딴데로 돌리기 위해 일부러 소란스럽게 구는 바람에 회의장이 어수선해졌다.

이때 이상재 회장이 단상에 올라가 당당하고 능란한 솜씨로 소란스러운 회의 분위기를 수습하기 시작했다. 처음엔 기가 막힌지 한동안 멍청하게 버티고 서 있다가 허허허, 너털웃음을 웃으면서 사람들의 시선을 끌어 모았다.

"여러분이 지금 떠들어 대는 것을 보고 있자니 웃음을 참기가 어렵구려!"

회의장이 조용해지자 이상재는 재빨리 난동을 부리던 기자 몇 사람을 즉석에서 단체의 규율을 살피는 감찰로 임명하여 그들로 하여금 떠들지 못하게 하자 더 이상 소란을 피우는 사람이 없었다. 이렇게 하여 기자 대회는 5개 항목을 결의하고 끝났다.

이상재는 조선일보 사장으로 2년 6개월 동안 일하면서 비통한 일을 많이 당하고 어려운 일도 여러 번 겪었다.

때로는 조선일보 사원들에게 월급을 제때 주지 못하는 경우도 있었다. 그래서 공무를 담당하는 사원들이 들고일어나 일 못 하겠다고 버티면, 이상재 사장이 직접 나서서 이렇게 타일렀다.

"밥 한 끼 못 먹어 죽는 일 없지만, 신문은 하루도 쉴 수가 없는 게야. 어서들 가서 일하게!"

이 말은 그 뒤 자주 인용되는 유명한 한마디가 되었다.

늙은 이상재 사장의 활동 무대는 신문사만이 아니었다. 그는 여러 곳을 다니며 유머와 해학, 기지와 재치 그리고 멋진 풍자를 섞어 가며 민족이 깨어나야 하는 까닭을 역설하였다. 어떤 경우엔 일본이 우리나라를 차지하는 과정을 은근히 빗대어 설명하여 모인 사람들의 큰 호응을 받았다. 그러자 그곳에 들어와 있던 일본 경사가 강연회를 중단시키는 일도 있었다.

또 이런 일도 있었다. 이상재의 손자인 이홍직이 배재학교를 졸업하게 되어 이상재가 그 졸업식에 참석하였다. 아비 없는 손자 졸업을 축하하러 간 이상재는 단 위에 올라가 한마디씩 하는 사람들이 모두 일본말로 지껄여 대는 것이 아주 못마땅하였다. 그러던 중에 이상재에게 내빈 대표로 한마디하라고 사회자가 부탁했다.

이상재는 단 위에 올라가 한참 서 있다가 운을 떼었다.

"여러분 조선말 들을 줄 아시우? 나는 일본말을 할 줄 몰라 조선말로 하겠수다."

모인 사람들이 그 말을 듣고 일제히 웃음을 터뜨리자 이상재도 그들을 따라 한참 웃었다.

그러자 일본말로 축사를 읽은 두 사람은 어찌할 바를 몰라 얼굴이 붉어졌다. 이것이 이상재의 처신 방법이었다.

조선일보 사장으로 있으면서 그가 가장 가슴 아팠던 일은 무려 17명이나 되는 기자를 그만두게 한 '집단 해고'였다. 이들을 해고한 이유는 17명 가운데 박헌영, 김단야, 신일용 등의 기자가 '조선과 노서아(러시아)의 정치적 관계'라는 사설을 섰기 때문이다. 이는 사회주의 성격을 띤 것으로 총독부는 이를 탐탁치 않게 여겨 이들을 내보내라고 요구했다. 그렇지 않으면 발간을 중지하겠다고 했다. 즉, '신문을 다시 내야 하는 더 큰일'을 위해 기자들을 내보낼 수밖에 없었던 것이다. 이로써 잠시 멎었던 신문사 윤전기가 1925년 12월 석 달 만에 다시 돌게 되었다.

신문사 안에 민족주의를 옳다고 여기는 기자들과 새로운 흐름으로 번지고 있는 사회주의를 따르는 기자들이 서로 갈라져 눈에 보이지 않는 갈등을 겪고 있을 때, 그 꼭지점에 이상재가 앉아서 이들

을 한데 모아 공동의 적인 일본에 대항하도록 노력했다. 이러한 노력으로 우리나라 민족의 단일 모임인 '신간회(新幹會)'가 탄생하였다.

"좌파와 우파 사이에 주장하는 바가 서로 달라 대립적인 논쟁을 일삼게 되니, 그 문제는 우리가 독립을 얻은 뒤에 국민의 뜻에 따라 어느 한쪽으로 결정하도록 결론을 미루고, 먼저 일본의 쇠사슬에서 벗어날 때까지는 모든 힘을 하나로 묶어야 할 때이다."

이상재는 이렇게 주장하면서 신간회를 조선일보 지사 지국과 연결시켜서 전국에 퍼져 있는 단일 항일 단체로 만드는 의미 있는 성과를 이루어 냈다. 처음엔 새로운 조선의 모임이라는 뜻으로 '신한회(新韓會)'로 정했다가 '한(韓)'을 '간(幹)'으로 바꿨다. 왜냐하면 신한회로 하면 창립 총회도 제대로 열지 못하고 잡혀갈 것이 뻔하기 때문이었다.

신간회는 1927년 1월 20일에 창립을 위한 발기인을 뽑아서 선언서와 강령을 정했다. 이 모임은 민족주의를 편드는 지식인들과 사회주의를 편드는 지식인들이 하나의 테두리 안에서 일본을 공동의 적으로 삼고 서로 손을 잡았다는 의미 있는 모임이었다.

마침내 그 해 2월 15일 조선 중앙 기독교 회관에서 창립 총회를 열었다. 300명이 참석했는데 이상재가 보이지 않았다. 총회가 열리기 전에 회장을 맡아 달라는 부탁을 받았지만, 이상재는 너무 늙어서 이젠 쉬어야겠다며 이를 물리쳤다. 그러자 조선일보사 부사장인 신석우가 나서서 이상재를 찾아가 다시 간청했다.

"선생님이 안 나오시면 청년들이 뒤따르지 않습니다. 신간회 회장 되는 것이 그렇게 겁이 나십니까?"

"겁이 나서 그러는 게 아냐. 내가 너무 늙어서이지……. 하지만 그렇게 생각한다면 나가야지."

신석우는 이상재를 너무나 잘 알고 있었기에 일부러 겁이 나서 안 하려고 하느냐는 질문을 한 것이었고, 그의 예상대로 이상재는 그 말이 싫어서 자리를 박차고 나섰다.

이 모임은 일본 치하에서 합법적인 단체로 생겨났다. 직접 드러내놓고 독립운동을 펴지는 않았으나 교육 활동, 악법 철폐 운동, 고문 없애기, 동양 척식 주식회사 없애기 따위의 일을 벌여서 이른바 민족 공동체 전선을 만들어 냈다.

이런 성격의 모임은 전국에 134개나 조직되었고 일본에서도 지회가 생겼다. 회원이 3만명이 넘었는데, 광주 학생 운동이 있은 뒤엔 더 늘어나 10만명 가까이 되었다.

비록 몸이 늙어 약해졌으나 그의 기상과 위엄은 변함 없이 모든 이에게 푸르게 비쳤다. 그 시절 좌파와 우파로 갈라졌던 우리나라 지식인들 모두에게 이상재는 존경받고 추앙받는 정신적 지도자였다. 이로써 서로 다른 생각을 지녔다 해도 한마음으로 손을 잡을 수 있다는 좋은 선례를 남겼다. 이상재가 우리 현대사에서 가장 훌륭한 민족의 지도자 가운데 한 사람으로 존경을 받는 까닭이 바로 여기에 있다.

16. 곧은 길을 걸었던 조선의 거인

　이상재는 1927년 3월 29일 밤 세상을 떠났다. 그 다음 날인 30일에 《조선일보》는 호외를 발행했다. 신문사 사장의 부음을 전하기 위해서가 아니라 민족의 정신적 지도자의 서거를 알리기 위해서였다. 호외에 실린 기사는 다음과 같다.

　조선의 원로이자 본사 사장이던 월남 이상재 선생은 노환으로 오랫동안 신음하시던 바 마침내 약의 효험을 얻지 못하고 지난 이십구일 오후 십일시 사십오분에 이르러 칠십팔 세의 고령으로 드디어 이 세상을 떠나셨는데 고복은 30일 오전 다섯 시 경에 행하였더라.

　이상재가 죽었다는 소식이 퍼지자 신간회, 중앙 기독교 청년회, 교육 협회들이 나서서 장례를 사회장으로 치르기로 합의했다. 장례 위원회는 114명이 위원으로 나서고 사회장으로 치르는 데 드는 비용은 기부를 받기로 하여 모인 돈이 6천 원을 넘었다.
　장례는 4월 7일에 치러졌다. 장례를 보러 올라온 사람들이 영구를 모시고 장안의 큰 길을 걸어서 고향인 한산으로 내려갔다. 서울역부터 군산역까지는 특별 열차로 영구를 모셨다. 그때 신문들은 장례식에 참석한 사람과 길가에 늘어선 사람들이 10만 명이니 20만 명이니 하고 제목에 사람 수를 썼다.

위당 정인보는 다음과 같은 추모의 글을 써 올렸다.

성인의 밝은 가르침 있으니

인생이란 오직 곧아야 하네
간교한 지혜는 본성을 좀먹고
안일을 탐하고 의리를 저버려
온갖 술수 다해서 제 몸의 영화만 구하는 법
그러나 강직한 공은 하늘이 낸 사람
소인배가 판 치는 세상에
가난을 조심하지 않고

죽음도 두려워하지 않으셨네
오독(五毒) 앞에 사람들은 죄 없음으로 부르짖건만
공은 앞으로 나가서 피하지 않으셨네.

고향 한산에 묻혔던 이상재는 1957년 이승만 대통령의 지시로 경기도 양주군 장흥면 삼하리로 이장되고 부인 강릉 유씨와 합장되었다. 1962년 3월 1일 나라는 이상재에게 대한민국 건국 공로 훈장 대통령장을 내렸다.

예상치 못했던 일은 일본 총독부의 기관지인 《매일신보》가 이상재의 죽음을 기리는 조사에다 이런 말을 쓴 것이다.

지난 반만년 역사를 통하여 재야(在野)의 사람으로서 그 죽음이 우리에게 이 같이 큰 충동을 준 이가 과연 몇몇이 있느뇨?

이때 미국 선교사 대표로 에비슨은 이렇게 말했다.
"이상재는 '그랜드 맨 오브 코리아(Grand Man of Korea)'로 알려져 있는데, 이는 조선의 거인이라는 뜻이올시다. 영국에서는 이와 같은 수식어를 유명한 정치가 글래드 스톤에게 썼습니다."

서울의 경운동 천도교 강당에서부터 서울역으로 이어진 장례 행렬은 243개 단체에서 나온 5천 명이 두 가닥으로 늘어뜨린 광목 줄을 붙잡고 걷는 엄숙한 순서로 진행되었다.

그는 신앙인, 언론인, 사회 교육자로서 그의 기상을 아름답게 나부끼는 깃발처럼 쳐들었으며, 그 깃대로 넘어지는 나라를 떠받치려 애쓰다 힘겹게 넘어지고 말았다.

하지만 나라 사랑의 밑거름이 되는 백성 사랑에서는 어느 누구도 따르지 못하는 거룩한 정신을 남겼다.